日韓記者・市民セミナー　ブックレット 18

日本の障害福祉と外国人政策

＊目次＊

日韓記者・市民セミナー　ブックレット第18号は『日本の障害福祉と外国人政策』をテーマにしました。

人間誰しも五体満足の赤ちゃんを望みます。しかし、一定の確率で障害児は生まれてきます。生きていれば事故や病気などで障害を負うこともありえます。

新約聖書ヨハネ書にイエスの弟子が「彼が盲目に生まれついたのは、誰が罪を犯したからですか。この人ですか。それともその両親ですか」と問う場面があります。イエスは「この人が罪を犯したのでもなく、両親でもありません。神のわざがこの人に現れるためです」と答えます。

この言葉の真意は聖書を読み解くしかありませんが、自身に何の非がないにもかかわらず、障害があるというだけで偏見をもたれ、差別され、社会から排除されるという厳しい現実は、ともに生きる共生とは対極に位置する弱肉強食の論理が横行している証拠です。障害の有無だけではありません。性別や国籍や民族の違いが攻撃材料にされることがあります。

公益財団法人朝鮮奨学会が二〇一九年から二〇年に実施したヘイトスピーチに関するアンケート調査では、ヘイトは男よりも女に、在日学生よりも留学生に、大学生よりも高校生をターゲットにしているという結果が出ています。より弱い方に暴力が向かうということです。

一六年に「ヘイトスピーチ解消法」が成立したことで露骨なヘイトデモは少なくなりましたが、法規制をしなければ、私たちが住む社会には常に弱者に向けていじめ、いやがらせ、ヘイトを繰り返すレイシストが一定程度いることを忘れてはなりません。そういう発想の持ち主が政治をつかさどり、言論をリードするとどうなるでしょうか。共生か排除か。私たちは今も闘いの渦中にあります。

金重政玉さんは「戦争や飢餓、貧困などといった劣悪な環境の中で、障害者が栄養失調や伝染病などでどんどん増え、その後遺症が障害となって相当数増えてきている。世界の障害者数は世界の総人口の一五％になっていると公式に言われている」と指摘します。今も世界の各地で続く戦争や紛争が人を殺し、新たな障害者を生み、事態をどんどん悪化させているという警告です。

「知的障害者に対する福祉サービスは、当事者に子どもが生まれた場合の支援を全く考えていない。障害者総合支援法にもそれがない。行政の不作為が問題だ」と金重さんは厳しく見ています。

二〇〇四年にできた「特定障害者特別障害給付金支給法」で「学生や主婦の無年金者は救われたものの、在日の障害者、高齢者は救済されなかった」と怒る李幸宏さん。あれから二〇年が過ぎています。「要望をしても厚生労働省の答は『検討する』と言うだけ。生活状況や経済状況を調べてほしいと言ってもやろうとしない。地方がすでに調べた情報を集計すればいいと言っても答えは『意味がない』と言う。要望を出した時の記者会見のニュースがネット上に乗ったところ『不満があるなら（国に）帰れば』だった」と続けます。

「以前の担当者の政策を否定することは官僚の世界では差し障りがある。絶対否定しないという気がする」。この受け止めに国はどう応えるのでしょうか。

鄭暎惠さんはカナダ在住の在日二世。「日本の人口の減り方は政府が想定しているよりもっと早く減少し、高齢化率も高くなる。税金を滞納すると永住資格をはく奪する。そんな政策を未だにやっているからだ」と厳しく批判し、それは「日本の滅亡宣言だ」と断じます。
「金の卵を納税者と消費者に育てる知恵がない政治の無策宣言。宝物をみすみすドブに捨てる愚の骨頂。同化排除の政策で国家統合を図ってきた日本は、差別的制度を捨てて多様性社会への転換を図れないだろうか」と問いかけます。

二〇二四年一二月五日

一般社団法人ＫＪプロジェクト代表　裵哲恩（ペー・チョルン）

第1講　障害福祉の課題

金重　政玉
——元内閣府障がい制度改革推進会議政策企画調査官

国連の「障害者の権利に関する条約」（以下「権利条約」と略）が二〇〇六年に国連総会で採択されて、日本政府は二〇一四年に批准しました。今日は、権利条約の主な内容と日本の現状と課題について報告させていただきたいと思います。

国連ではすでに関連する人権条約がありまして、世界人権宣言を踏まえた自由権規約から社会権規約、人種差別撤廃条約や女性差別撤廃条約、子どもの権利条約などは、皆さんもご存知かと思います。障害者の権利条約は、二〇〇〇年代になって国連で最初にできた権利条約になります。二〇〇一年から〇五年、ニューヨークにある国連本部の特別委員会において条約の内容が審議されました。国連加盟国の政府代表団、各国の障害者関係ＮＧＯの関係者も参加し、様々な観点から議論が行われながら合意を積み重ねて策定されました。

日本からもＮＧＯの立場から身体障害や視覚障害、聴覚障害、聾（ろう）者、盲聾者の方たち、家族では知的障害者、精神障害者等の全国団体そして日本リハビリテーション協会など専門家団体その他の関連団体や研究者等が積極的に協力連携をしながら参画していきました。障害者団体の間では普段はお互いに会って話をすることはなかったのですが、権利条約が国連で審議されるという動きが二〇〇〇年頃に始まってから、団体同士が集まって緩やかな連合体を一緒に作ろうという気運が生まれ、日本障害フォーラム＝ＪＤＦ（ジャパン・ディスアビリティ・フォーラム）という連携組織を発足させて取り組んでいくことになります。ＪＤＦを中心に条約の審議に日本のＮＧ

Oとして参画していく形です。八回にわたる特別委員会がニューヨークの国連で開催され、JDFの枠の中で私もDPI（障害者インターナショナル）日本会議事務局の一員として六回ほど参加しています。

権利条約ですから法的な拘束力があるということもあります。当時はこれを契機に日本の障害者制度を大きく変えていかなきゃいけないという共通の思いが関係者に強くありました。

資料の「障害者の権利に関する条約」の各条文のタイトル（一覧）を見ていただくだけでも、ものすごく課題の範囲が広いことがお分かりになると思います。この社会の人権に関わるほとんどのテーマをこの権利条約は採り上げています。障害者も障害のない人と平等に社会の一員として暮らしていける社会、個人の尊厳と多様性を包摂することのできる社会にしていかなければいけない、そういう考え方に立ってタイトルも決められているということができます。

＊条文解説のためのポイント

まず、条文のタイトルに下線を引いた箇所を紹介します。

最初の第一条から第四条は総則部分です。第六条の「障害のある女子」から各論に入ります。下線を引いた第一七条、第一九条などが主要な分野というところで、今回はこれに焦点を当てて説明させていただきます。

国連では条約が正式に採択された後は、その条約を批准する国が一定程度増えていくと、国連

障害のある人の権利に関する条約（政府訳）

条文タイトル

前文
第 1 条：目的
第 2 条：定義
第 3 条：一般原則
第 4 条：一般的義務
第 5 条：平等及び無差別
第 6 条：障害のある女子
第 7 条：障害のある児童
第 8 条：意識の向上
第 9 条：施設及びサービス等の利用の容易さ
第 10 条：生命に対する権利
第 11 条：危険な状況及び人道上の緊急事態
第 12 条：法律の前にひとしく認められる権利
第 13 条：司法手続の利用の機会
第 14 条：身体の自由及び安全
第 15 条：拷問又は残虐な、非人道的な若しくは品位を傷つける取扱い若しくは刑罰からの自由
第 16 条：搾取、暴力及び虐待からの自由
第 17 条：個人をそのままの状態で保護すること
第 18 条：移動の自由及び国籍についての権利
第 19 条：自立した生活及び地域社会への包容
第 20 条：個人の移動を容易にすること
第 21 条：表現及び意見の自由並びに情報の利用の機会
第 22 条：プライバシーの尊重
第 23 条：家庭及び家族の尊重
第 24 条：教育
第 25 条：健康
第 26 条：ハビリテーション（適応のための技術の習得）及びリハビリテーション
第 27 条：労働及び雇用
第 28 条：相当な生活水準及び社会的な保障
第 29 条：政治的及び公的活動への参加
第 30 条：文化的な生活、レクリエーション、余暇及びスポーツへの参加
第 31 条：統計及び資料の収集
第 32 条：国際協力
第 33 条：国内における実施及び監視
第 34 条：障害者の権利に関する委員会
第 35 条：締約国による報告
第 36 条：報告の検討
第 37 条：締約国と委員会との間の協力
第 38 条：委員会と他の機関との関係
第 39 条：委員会の報告
第 40 条：締約国会議
第 41 条：寄託者
第 42 条：署名
第 43 条：拘束されることについての同意
第 44 条：地域的な統合のための機関
第 45 条：効力発生
第 46 条：留保
第 47 条：改正
第 48 条：廃棄
第 49 条：利用しやすい様式
第 50 条：正文
末文

の権利条約として本格的に発効して適用されることになります。確か国連加盟国は九〇～一〇〇カ国ぐらいですが、六〇くらいの一定の加盟国が批准すれば、正式に権利条約が発効（障害者権利条約は二〇〇八年）され、法律上の効果を持つものとして適用されていくことになります。

その後は、その条約上の監視機関が各国が権利条約を誠実に履行しているかについて、政府報告を審査することにしています。審査をするのは、権利条約の第三四条に規程されている「障害者の権利に関する委員会」（以下「委員会」と略）です。そこの委員会がモニタリングをして、各国の実施状況を審査します。その

国のNGOの意見も聞きながら、懸念や勧告を政府に対して行っていく、そういうサイクルで進んでいきます。

そのサイクルですが、批准した国はまず二年以内に条約の履行状況に関する政府報告を出すことが義務付けられます。その後は四年に一回、改めて実施状況に関する政府報告の内容について、継続的なモニタリングを受けながら勧告等の進捗状況をチェックしていくことになります。

今日お配りしている信濃毎日新聞に掲載の共同通信の記事（二〇二二年八月二四日）がその状況を伝えています。日本政府の報告に関する初めての委員会による審査が行われたという報道です。ずいぶん遅いと思われるでしょう。日本政府は二〇一四年にこの権利条約を批准しましたから、八年経って初めての審査という話です。各国の政府報告の審査には、えらく手間がかかるということです。コロナの影響もあって権利委員会が一時的に休止していたこともあってこんな時期になりました。ただNGOの立場から、日本の現状と問題点をとにかく伝えていこうということで、一〇〇人ぐらいの関係者が政府報告の審査を行うジュネーブに行って、積極的にロビーイングを行ったという話を聞いています。

一　日本における障害者の概況

最初に「日本における障害者の概況」を紹介したいと思います。
大枠の話になりますが、日本国内に、行政上の制度の対象になる障害者の数はどれくらいかということです。これは毎年、内閣府が『障害者白書』を発行しており、その統計から紹介します。日本の場合、障害種別という点からいうと主に三つです。「身体障害」「知的障害」「精神障害」の三つのカテゴリーがあって、それぞれ統計上の人数が出されています。在宅は何人、施設入所または精神障害者の場合であれば精神科の病院に入院している人は何人というように分けて出されています。中には重複障害の方も相当数おられるので、ここでは概数として理解していただければと思います。

身体障害者の場合には身体障害児も含むということで大人と子どもの合計の数としてここでは出ています。精神障害者は大人の割合が多く、知的障害者は大人と二〇歳未満という形で集計されているんですが、身体障害児者ということで四三六万人ぐらいです。知的障害児者は一〇九万四〇〇〇人ぐらい。そして、精神障害者の場合が四一九万三〇〇〇人ぐらいになっているということです。

施設入所と入院の状況ですが、障害別には身体障害者における施設入所の割合は一・七%で、

障害者の全体的状況（「障害者白書」内閣府 2021 年の統計から）

●３区分の概数

○身体障害、知的障害、精神障害の３区分について、厚生労働省による「生活のしづらさなどに関する調査」、「社会福祉施設等調査」又は「患者調査」等に基づき推計された基本的な統計数値を掲載する。

○身体障害、知的障害、精神障害の３区分について、各区分における障害者数の概数は、身体障害者（身体障害児を含む。以下同じ。）436 万人、知的障害者（知的障害児を含む。以下同じ。）109 万４千人、精神障害者 419 万３千人となっている。

○これを人口千人当たりの人数でみると、身体障害者は 34 人、知的障害者は９人、精神障害者は 33 人となる。複数の障害を併せ持つ者もいるため、単純な合計にはならないものの、国民のおよそ７．６％が何らかの障害を有していることになる。

●施設入所・入院の状況障害別に状況では、身体障害における施設入所者の割合 1.7%、精神障害における入院患者の割合 7.2%に対して、知的障害者における施設入所者の割合は 12.1%となっており、特に知的障害者の施設入所の割合が高い点に特徴がある。

●世界保健機関（ＷＨＯ）によると、世界の障害者数は 13 億人→全体の１５％。日本は７．６％で世界に比べて半減。その違いの背景は？

●日本における障害の医学モデル的判定と、国際的な障害の社会モデルのとらえ方との違いが背景になっている。

精神障害者における入院患者の割合は七・二％です。知的障害者における施設入所の割合が一二・一％となっていて、特に知的障害者の施設入所の割合が身体障害や精神障害に比べて高いというのが特徴です。

この点は、知的障害の人たちが、地域で暮らせる生活支援の環境とか、条件整備がまだまだ遅れています。相変わらず入所施設で暮らさざるを得ない人たちが相当数いるということは、きちんと見ておく必要があると思います。

ＷＨＯ（世界保健機関）では、世界の障害者数は大体十三億人に達しているとしています。戦争や飢餓、貧困などといった劣悪な環境の中で、障害者が栄養失調や伝染病等でどんどん増え、その後遺症が障害となって相当数増えてきているということなんです。その中で、世界の障害者数は世界の総人口の一五％になっているということが、公式に言われています。

日本では国内の総人口約1億二千万人の七・六％。世界における一五％の半分ぐらいという結果になっています。なぜこんなに障害者のパーセンテージが低いのか。何が背景にあるのか？

これは最初からそうなのですが、日本における「障害」というのは、基本的に指定医師の診断のもとで心身の機能の障害の程度が判定されて、身体障害の場合だったら「身体障害者手帳」、知的障害の方の場合も「療育手帳」「愛護手帳」というふうに言われるものがあります。「療育」「愛護」といったら子どもを指しますが、大人の知的障害者がそういった手帳を持っている。このことは差別や偏見との関係で象徴的な感じがします。

その人個人の障害判定のもとで手帳の等級を決めて、それに基づいた極めて限定的なサービスや制度を実施してきたということがずっと戦後の身体障害者福祉法や知的障害者福祉法、精神障害者保健福祉法のもとで行われてきたという経過があります。

一定の基準のもとでそれは判定されますが、結局、障害を社会の問題ではなく個人の問題として限定的に対処していく「個人モデル」または「医学モデル」の考え方が根強く背景に有り続けていたということができると思います。

＊「障害の社会モデル」の考え方

だけど世界はどうなのかと考えると、ＷＨＯでは、障害のある人の考え方として、障害というものは、あくまでも個人の心身の機能障害というのは副次的なもので、基本的には社会の環境の障壁、バリアを第一に考え、その個人の心身の機能障害と環境の障壁との、権利条約では「相互作用」という言い方がされるんですが、そのお互いの影響の中で障害というものを考えていかなければいけないということになります。

そういった意味ではＷＨＯの考え方だと、手帳をもたない難病の人たちや、発達障害の人たち、さらに広げて言えば心身の機能だけではなく、生活が困難な状況になっている要因には社会の障壁―事物（物理的バリア）、制度、慣習、意識（偏見）などから見ていくとその対象になる人たちは、さらに拡大してどうしても多くなるわけですね。

そういうことで今の障害というものの考え方、捉え方は、社会的障壁のもとで障害というものを捉えていくべきであること、それがいわゆる「障害の社会モデル」という言い方になります。そういう考え方から障害というものを見ていこうということであり、そうしないと社会は変わっていかないと権利条約では言われているわけです。これがまず前提としてあります。

二　障害者権利条約批准までの概要

次に権利条約の批准までの概要に関してです。条約に沿って日本は国内法の整備をしなければいけないことになりました。具体的には二〇一〇年から二〇一四年ぐらいにかけて、内閣府が中心になって各省庁と連携をして、権利条約を批准するための障害者制度改革を行った時期があるんです。

この障害者制度改革の推進会議の事務局に民間から五名ほど参加できて、私もその一人として四年間事務局のメンバーになりました。その中で、二〇一一年には障害者基本法の大幅な改正、権利条約に見合う大幅な改正をしようということで、新しく総則の差別禁止に「社会的障壁の除去」と「合理的配慮」等の文言を盛り込んだ改正になりました。

条約批准までの概要

■「障害者権利条約」(2006 年に国連総会で決議、日本政府は 2014 年に批准) は, 障害者の人権や基本的自由を確保し, 障害者の人としての尊厳の尊重を促進するため, 障害者の権利を実現する措置等を規定しています。例えば
　◆障害に基づくあらゆる差別 (合理的配慮をしないこと含む。) を禁止
　◆障害者が地域生活の支援を通じて社会に参加し、包容されることを促進
　◆条約の実施を監視する枠組みの設置など

■条約を批准・締結するために、障害当事者や家族、関係者の意見も聴きながら, 内閣府の障害者制度改革による国内法令の整備を推進。
　2011 年 8 月障害者基本法の改正。
　2012 年 6 月障害者総合支援法が成立。
　2013 年 6 月障害者差別解消法が成立し, 差別の禁止を定めた障害者雇用促進法が改正された。

二〇一二年に障害者総合支援法ができました。障害者への福祉サービスを提供するための法律です。次に二〇一三年に国、地方の「行政機関等」の職員と民間の関係するすべての「事業者」を対象に「合理的配慮」の規定を定めた障害者差別解消法ができました。この三つが制度改革の横断的な課題と位置づけられています。この三つの法律ができたことが、権利条約の批准に繋がったと言えます。

三　障害者権利委員会による日本政府の報告に対する主要分野の勧告

●第一条から四条　一般原則及び義務

まず「一般原則および義務」というところの第一条から四条ですが、どういうことが日本に対して勧告をされたかということです。

勧告(b)のところを見ていただきますと、「障害認定および手帳制度を含め、障害の医学モデルの要素を排除」しなければいけないということが、考え方として打ち出されています。日本では未だに、「〇〇ができない」ことに着目した医学モデルに着目した障害者手帳制度に基づいてサービスが提供されているのが基本ですので、それを早く「障害の社会モデル」という考え方に切り替えて、本人のニーズに合わせてサービスを提供できるように見直すことが求められています。

国連障害者権利員会による勧告
一般原則及び義務（第１‐４条）

◆委員会は、締約国に対して以下を勧告する。
(a) 障害者、特に知的障害者及び精神障害者を代表する団体との緊密な協議の確保等を通じ、障害者が他者と対等であり人権の主体であると認識し、全ての障害者関連の国内法制及び政策を本条約と調和させること。
(b) 障害認定及び手帳制度を含め、障害の医学モデルの要素を排除するとともに、全ての障害者が、機能障害にかかわらず、社会における平等な機会及び社会に完全に包容され、参加するために必要となる支援を地域社会で享受できることを確保するため、法規制を見直すこと。
(c) 国及び地方自治体の法令において、「physical or mental disorder（心身の故障）」に基づく欠格条項等の侮蔑的文言及び法規制を廃止すること。

(c)のところを見ていただきますと、「国や地方の自治体の法令において、心身の故障に基づく欠格条項等の侮辱的な文言と法規制を廃止」しなければいけないことが勧告されています。

権利条約との関係で差別的な法令（様々な免許や資格制度）というものが日本国内にはあります。数えていくと、四〇〇から五〇〇件近くの数があるんです。例えば医師免許だったら耳の聞こえない者や目の見えない者、精神障害がある者には資格を与えない、最初はそういう絶対欠格の法律でしたが、さすがに問題だということで「与えないことがある」という相対欠格の言い方に変えたりしました。

しかし欠格条項というものは、いったん法令に規定すると、やはり門前払いすることに変わりはない。そういう批判がずっとあって、やっと今では障害名を特定して門前払いすることがなくなってきてはいます。しかし、資格制度や免許制度の中には実にたくさんあるんです。さらに言えば、地方自治体の例規集には、「精神に異常のある者」「精神錯乱者」等と精神障害者への差別用語を使って公共施設の利用を制限する規定が根強く残っていることもあります。

もう一つは、判断能力が低下している高齢者や障害者の財産管理と身上監護を定めた成年後見制度をご存知と思いますが、そこで成年後見を受けている障害者、特に知的障害者や精神障害者の人たちに対する欠格条項も最近までずっと残っていたんです。それがこの五年ぐらい前にやっと廃止はされました。

ただ実際にどういう審査の仕組みにするかが問題です。とくに医療職等の専門職や運転免許等で最終的に試験に受かったとしても、障害があることが足枷にならないように、本当に障害があっても業務を行うことができるために、その人の状態に応じた合理的配慮の提供と合わせた審査の仕組みづくりが課題として残されています。このようなことが第一条から第四条にかけて勧告されたということです。

●第一七条　個人をそのままの状態で保護すること

第一七条は「個人をそのままの状態で保護をすること」というタイトルの条文です。ここで下線を引いているところが勧告の重要な部分と思いまして紹介しました。(a)のところと、(b)のところです。

国連障害者権利員会による勧告
個人をそのままの状態で保護すること（第17条）

◆委員会は、締約国に以下を勧告する。
(a) 全ての被害者が明示的に謝罪され適当に補償されるよう、申請期限を制限せず、情報を利用する機会を確保するための補助的及び代替的な意思疎通の手段とともに、全ての事例の特定と、支援の提供を含む各個人全てに適当な補償を確保するために、障害者団体との緊密な協力の上で、旧優生保護法下での優生手術の被害者のための補償制度を見直すこと。
(b) 障害のある女性への子宮摘出を含む強制不妊手術及び強制的な中絶を明示的に禁止すること、強制的な医療介入が有害な慣習であるという意識を向上させること、また、障害者の事情を知らされた上での同意があらゆる医療及び手術治療の前に行われるように確保すること。

日本では一九四八年から九六年まで優生保護法というものがあって、「不良な子孫の発生」を防止する法律が存在しました。そのため重度の身体障害者、知的や精神の方や、ろう者の方、耳の聞こえない方も不妊手術を受けさせられました。男性であればパイプカット、女性であれば子宮摘出が一定の条件のもとで認められ行われてきました。

この優生保護法は廃止をされましたが、被害を受けた人たちがそのまま放置されてきたわけです。さすがにこれは問題だということで、国会審議の結果、一時金という形で一律三二〇万円を謝罪文と合わせて支給することになりました。しかしこれが本当に謝罪に見合うような額なのか、国の責任はどうするのかという問題は残っており裁判が続いています。国家賠償請求という形で、北海道から宮城、東京、大阪、兵庫、福岡などで当事者が声を上げて裁判が続いています。これは勧告に当然乗っかるわけです。

ただ昨年（二〇二二年）の一二月の下旬ぐらいだったと思いますが、新聞で北海道江差町のグループホームで、知的障害がある利用者同士が結婚や同居を望んだ場合に、当事者に不妊処置を求めていたことが発覚して大きな問題になりました。

二〇歳を過ぎた人たちがそこで暮らしていますが、大人になればお互いに好きになったりして、結婚したい、一緒に暮らしたいとなるのはごく自然な話です。この施設では、子どもが生まれる可能性があるので、子宮摘出やパイプカットを条件に、働きながらグループホームで暮らすことを認めるということを、長年やっていたんです。

これは他でも起こりうる話なので、北海道庁がこの経過を調査をして、北海道全域の調査をすることになりました。どういう結果が報告されるか、厳しい目で見ていかなければいけないと思います。

これは相模原事件にも通じる話です。優生保護法の不妊手術で被害を受けた人への、国の謝罪も形式的にはされていますが、わずかな一時金という形でお茶を濁されていて、当事者としては到底納得のできるものではありません。

結局、今の日本の、特に知的障害者に対する福祉サービスは、当事者同士が結婚や同棲をして子どもが生まれた場合の支援を全く考えていないんです。障害者総合支援法という福祉サービスを提供する法律がありますけれど、その中に知的障害者が子どもを産んだときの支援が全くないんです。

あくまで家事援助だとか、外出するときの支援とか、本人を対象に止めていることが一番の原因にはなっている。結局、行政の不作為が問題なのでこれからも続くと思います。関心を持って見ていきたいと思っているところです。

●第一九条　自立した生活及び地域社会への包容

次に、一九条です。「自立した生活および地域社会への包容」という条文のタイトルです。地域で自立生活をしていくときのために、どういう考え方で自立生活を推進していくのかということが、権利条約の条文では書かれています。

最初に言い忘れましたが、この権利条約は、条文全部に共通して「他の者との平等を基礎に」という言葉が各条文に入っています。「他の者」というのは障害のない人のことです。障害のない人との平等を基礎に、すべての条文が作られています。それが前提で、具体的なことを定めています。

例えば常時介護が必要な重度の障害者が地域で暮らしていくときに、二四時間介護がどうしても必要ですが、そういったことがまだまだ日本では十分に実現できていないという指摘をここでは受けています。

次に(b)のところですね。ここでは精神障害者の問題が取り上げられていて、地域社会における精

国連障害者権利員会による勧告
自立した生活及び地域社会への包容（第19条）

◆自立した生活及び地域社会への包容に関する一般的意見第5号（2017年）及び脱施設化に関する指針（2022年）に関連して、委員会は締約国に以下を要請する。
(a) 障害者を居住施設に入居させるための予算の割当を、他の者との平等を基礎として、障害者が地域社会で自立して生活するための整備や支援に再配分することにより、障害のある児童を含む障害者の施設入所を終わらせるために迅速な措置をとること。
(b) 地域社会における精神保健支援とともにあらゆる期限の定めのない入院を終わらせるため、精神科病院に入院している精神障害者の全ての事例を見直し、事情を知らされた上での同意を確保し、自立した生活を促進すること。
(c) 障害者が居住地及びどこで誰と地域社会において生活するかを選択する機会を確保し、グループホームを含む特定の生活施設で生活する義務を負わず、障害者が自分の生活について選択及び管理することを可能にすること。
(d) 障害者の自律と完全な社会包容の権利の承認、及び都道府県がその実施を確保する義務を含め、障害者の施設から他の者との平等を基礎とした地域社会での自立した生活への効果的な移行を目的として、障害者団体と協議しつつ、期限のある基準、人的・技術的資源及び財源を伴う法的枠組み及び国家戦略に着手すること。
(e) 独立し、利用しやすく負担しやすい費用の、いかなる集合住宅の種類にも含まれない住居、個別の支援、利用者主導の予算及び地域社会におけるサービスを利用する機会を含む、障害者の地域社会で自立して生活するための支援の整備を強化すること。
(f) 障害者にとっての社会における障壁の評価及び障害者の社会参加及び包容のための支援の評価を含む、障害の人権モデルに基づいた、地域社会における支援及びサービス提供を確保するため、既存の評価形態を見直すこと。

神保健の支援という問題です。精神科病院に入院をしている人たちが地域に出て行こうとするときの受け皿の体制ができていないので、きちんと整備することが勧告されています。

このことはずっと前から言われているんですが、なかなか進んでいません。何が問題かというとこれもやっぱり制度の問題なんです。

日本では精神科病院

は民営です。公立はほとんどありません。いわゆる福祉法人や医療法人など、民営で精神科病院は運営されています。地域で生活が定着できるように、行政が精神障害者の場合も支援をしましょうということをずいぶん前から言い出してはいるんですが、相変わらず進まないのです。

治療の必要もないのに、精神科病院でずっと滞留する。いわゆる「社会的入院」という言い方をされているんですが、地域に受け皿がないがために、そのまま閉鎖的な病棟で暮らさざるを得ないという人たちが七万人から三〇万人位はいるのではないかと言われていますが、実態調査自体が公式に適切にされていないという現状です。

イタリアの例がこの問題に関連してよく紹介されます。イタリアの場合、ほとんどの精神科病院は公立公営です。だから政府が、地域移行ができるようにしていくという方針をしっかり決めれば、それはそのままスムーズに、職員が地域での支援ができるように職員の配置替えとかを含めて全国的に地域移行を実現してきています。

しかし民間の場合には、実際の運営の仕方を最終的に決めるのは法人自身というところがあり、それはなかなか崩せないというのがあって、それが隔離的な病院からの地域移行を難しくさせている大きな要因になっているのが現状です。

●第二四条　教育

次に二四条、教育です。これもいろいろな議論があって、なかなか出口が見えないところがあ

障害者権利条約　第24条教育（抜粋）

2　締約国は、1の権利の実現に当たり、次のことを確保する。

(a) 障害者が障害に基づいて一般的な教育制度から排除されないこと及び障害のある児童が障害に基づいて無償のかつ義務的な初等教育から又は中等教育から排除されないこと。

(b) 障害者が、他の者との平等を基礎として、自己の生活する地域社会において、障害者を包容し、質が高く、かつ、無償の初等教育を享受することができること及び中等教育を享受することができること。

(c) 個人に必要とされる合理的配慮が提供されること。

(d) 障害者が、その効果的な教育を容易にするために必要な支援を一般的な教育制度の下で受けること。

(e) 学問的及び社会的な発達を最大にする環境において、完全な包容という目標に合致する効果的で個別化された支援措置がとられること。

ります。「インクルーシブ教育」と言いながら、文部科学省の考え方とＮＧＯ障害者団体の関係者との考え方には、未だに大きな隔たりがあるのが現状です。

文科省の考え方と、家族や当事者、障害者団体の考え方の、どこが違うのかということですが、権利条約二四条の二の(a)で、「障害者が障害に基づいて、一般的な教育制度から排除されないこと」と書かれています。この「一般的な教育制度から排除されない」について、文科省は排除していないと言います。

どういうことかというと、障害のある児童生徒と盲学校・聾学校は戦後早くから分離して、普通の通常学校から分けて学校としてはできていました。身体障害、知的障害も一九七九年に養護学校（現在の特別支援学校）の義務化が行われて、障害のある児童生徒と障害のない児童生徒が原則分離をされて教育がずっと行われてきています。

障害者団体等は、この教育段階で分けられてきたことが、障害者差別を制度や意識の両面で生み出していく大きな原因になり、障害者が社会に参加できない大きな原因になっているという認識が強くあります。条約に批准したことで、こういった分離教育もやめなきゃいけない。それは文科省も「特別支援教育の見直し」が必要である言っているわけです。

しかし、各論の議論になると、特別支援教育というものは、その子の状態、障害の状態に応じて成長を促進したり、能力を引き出したりする。だから公教育においては特別支援教育、特別支援学校はこれからも必要だというんです。

特別支援学校は、それも公教育の中で行われているのだから、「一般教育制度」といったときに、それら特別支援学校や特別支援学級も入るわけです。

ただ団体の側からすると、「一般的な教育制度」という場合に、特別支援学校はやっぱり分離をされてきた経過があるわけです。この「一般的な教育制度」の理解、解釈が文科省とやっぱり違っているのですが、しかし、あくまでも権利条約としては「統合された一般的教育制度」でなければいけないわけです。

ですから分離された教育制度は、これから極力減らしていかなければいけないのですが、文科省としては特別支援学校も公立学校である以上は一般教育制度だということは譲れないと立場を崩していないことが背景にあります。

国連障害者権利員会による勧告
教育（第24条）

◆障害者を包容する教育（インクルーシブ教育）に対する権利に関する一般的意見第4号（2016年）及び持続可能な開発目標のターゲット4.5及び4(a)を想起して、委員会は以下を締約国に要請する。

(a) 国の教育政策、法律及び行政上の取り決めの中で、分離特別教育を終わらせることを目的として、障害のある児童が障害者を包容する教育（インクルーシブ教育）を受ける権利があることを認識すること。また、特定の目標、期間及び十分な予算を伴い、全ての障害のある生徒にあらゆる教育段階において必要とされる合理的配慮及び個別の支援が提供されることを確保するために、質の高い障害者を包容する教育（インクルーシブ教育）に関する国家の行動計画を採択すること。

(b) 全ての障害のある児童に対して通常の学校を利用する機会を確保すること。また、通常の学校が障害のある生徒に対しての通学拒否が認められないことを確保するための「非拒否」条項及び政策を策定すること、及び特別学級に関する政府の通知を撤回すること。

(c) 全ての障害のある児童に対して、個別の教育要件を満たし、障害者を包容する教育（インクルーシブ教育）を確保するために合理的配慮を保障すること。

(d) 通常教育の教員及び教員以外の教職員に、障害者を包容する教育（インクルーシブ教育）に関する研修を確保し、障害の人権モデルに関する意識を向上させること。

(e) 点字、「イージーリード」、聾（ろう）児童のための手話教育等、通常の教育環境における補助的及び代替的な意思疎通様式及び手段の利用を保障し、障害者を包容する教育（インクルーシブ教育）環境における聾（ろう）文化を推進し、盲聾（ろう）児童が、かかる教育を利用する機会を確保すること。

(f) 大学入学試験及び学習過程を含め、高等教育における障害のある学生の障壁を扱った国の包括的政策を策定すること。

ちょっとわかりづらいところもあるかもしれませんが、今はともかく特別支援教育、特別支援学校があって、通常学校の中には特別支援学級がある。あと「通級」といって、その時間ごとに特別支援学級の方に通常学級から行くものがあります。予定を組んで、通常学級にいる障害児も特別支援学級に必要に応じて個別教育を受ける時間があり、ずっと特別支援学級にいる障害児と、時々必要に応じて行く場合があるということです。

つまり、そういう四つぐらいの区分（①通常学校の通常学級、②通常学校の特別支援学級、③特別支援学校、④：①と②の間の通級制度）があるんです。ただ、④では必要に応じて行ったり来たりするということがなかなか十分に行われていません。

原則として、学籍を置いたところで教育を受けるというのが基本ですから、なかなか適切に能力に応じて、必要に応じて柔軟に行ったり来たりしながら、その子に合わせてやっていければいいのですが、一旦そこに在籍をしてしまうと、もうそこからなかなか融通が利かなくなるというのが現状としてはあるので、その点も合わせて大きな問題として続いているということになります。

●第二七条　労働および雇用

雇用に関しては一九六〇年に障害者雇用促進法ができて、いろいろな改正がされてきました。現状では「法定雇用率」というのが定められて、それを一般の企業は達成していかなければいけないことにはなっています。現在の法定雇用率は、二〇二四年四月から二六年六月までは、民間企業：二・五％　国、地方自治体：二・八％となっています。

しかし未だに法定雇用率を企業全体の平均の実雇用率として達成したことはありません。ただ最近は身体障害とか、軽い知的障害の方は一般企業でも働くようなことが増えてきていると言わ

国連障害者権利員会による勧告
労働及び雇用（第27条）

◆委員会は、一般的意見第8号（2022年）を想起しつつ、持続可能な開発目標のターゲット8.5に沿って、以下を締約国に勧告する。
(a) 障害者を包容する労働環境で、同一価値の労働についての同一報酬を伴う形で、作業所及び雇用に関連した福祉サービスから、民間及び公的部門における開かれた労働市場への障害者の移行の迅速化のための努力を強化すること。
(b) 職場の建物環境が障害者に利用しやすくかつ調整されたものであることを確保し、個別の支援及び合理的配慮を尊重し適用することに関する訓練をあらゆる段階の雇用者に提供すること。
(c) 障害者、特に知的障害者、精神障害者及び障害のある女性の、公的及び民間部門において、雇用を奨励し確保するために、積極的差別是正措置及び奨励措置を強化すること、及び適当な実施を確保するために効果的な監視の仕組みを設置すること。
(d) 職場でより多くの支援を必要とする者に対する個別の支援の利用を制限する法規定を取り除くこと。

れています。しかし軽度の知的障害はそういうことであるとしても、中度や少し障害の重い知的障害の人は難しい状況にあり、特に精神障害が法定雇用率の対象になってきたのは十年前位です。

精神障害者が対象になってきたことで、企業としては法定雇用率を達成するのに音を上げてきているのが現状でないかと思います。

精神障害の方は、その日によって調子が良かったり悪かったりということもあったりします。その人の状況に応じて仕事を決めて働いてもらうということが、一緒について支援する職員を配置することが必要ですが、それ自体がなかなか難しくて十分にできてないという現状が続いています。

ところが最近では、それを見切って、企業自身が障害者を受け入れるために必要な条件づくりをするのではなく、他の、例えば農場を経営する事業者等に丸投げする。その人の人件費（給料）として、例えば一人一〇万円ぐらいの給料を払って、あと紹介料や委託費というような形で農場を経営している事業者に支払い、本来その企業が雇用率の関係で採用する、または採用したことになる障害者は農場の方に行ってもらう。

つまり、障害者雇用の代行業務という事例（問題）が大企業中心に増えてきている傾向があります。企業自身による責任ある受け入れから、代行事業者に丸投げするということが適切なのか、議論が始まっています。

四　政治参加と選挙にかける思い

最後に、政治参加と選挙にかける私の思いということで、少し話させていただきたいと思います。

私は去年の一〇月に名古屋に転居しました。経過を簡単に言いますと、先ほど私はキム・ジョンオクという名前で紹介されましたが、二〇〇七年の参議院選挙で、当時の民主党の全国比例区の比例名簿の一人として立候補しました。そのときの名前はキム・ジョンオクです。意気盛んだったのか、民族名で出ること自体が、自分をアピールできることだと思っていました。それに自分の民族的な出自を示しながら差別と闘うということは、やっぱり基本的な姿勢としては変えられないというのがあったんです。

それで立候補して選挙活動したわけです。当時私を選挙支援してくれる人たちは、ほとんどが障害者団体の関係者でした。選挙事務所にもそういう人たちが毎日いてくれて、作業もやってくれたり、電話番もしてくれたりしたわけです。ところが、私が思っていた以上に選挙妨害が激しかったんです。

キム・ジョンオクという名前で選挙に出ること自体がけしからんというわけです。「お前は元々日本人じゃない。韓国人だから日本で国の選挙に出るようなことはとんでもない。とっとと自分の国に帰るべきだ」と、大きな声で恫喝する。毎日のように電話をかけてくる。そんな人がいっぱいいたわけです。

それが私の選挙活動をなかなか難しくさせた大きな要因の一つでした。それだけではないんですが、このまま続けていくのは難しいなと、途中でそんな気持ちにもなったりしたことが何度かありました。

結果は、当時民主党比例区の候補者の得票数の中で、私は最下位でした。一九五〇〇少しの票数でした。私の不徳の致すところということがありますが、ただやっぱり在日コリアンとしての出自を明らかにして、名前もそのようにして出ること自体には本当に大きなハードルがあるということを、身をもって経験しました。その二〇〇七年以降は、本日のお話しのように障害者団体の仕事をしてきました。

それでもいずれ選挙に出るというチャンスがあれば考えてみたいという気持ちは、残るものがやっぱりあったんですね。二〇〇七年が散々な結果だっただけに…。

ただ、そんなチャンスは、待っていて来るようなものではありません。時間の経過とともにほとんど考えなくなりましたが、一昨年（二〇一一年）の夏に、私に連絡がありました。

この二〇年間位の地方自治体の選挙で、障害のある人たちが当選することが、少しずつ増えてきています。名古屋市の市会議員で、車いすの当事者でありながら三〇年近く市会議員として活動してきた斉藤まことさんが脳梗塞を発症して、その後リハビリを一生懸命やってこられましたが、これ以上は難しいと判断し、議員を引退されることになりました。しかし車いすの当事者の議員がいなくなることのないようにとご本人が思われて、以前から付き合いがあった私に連絡がありました。私なりにいろいろ考えた結果、その呼びかけを承諾させていただくことになりましたいたしました。

しかし選挙に出るとなると、名前をめぐって、かつてのような大変なことになりかねない。ずいぶん悩みましたが、名前については「かねしげ政玉」で立候補することに決めました。実際の政策で考え方が変わったわけでは、もちろんありません。

ただ、地方参政権については議論がいろいろあるかと思いますが、特に二〇一二年に第二次安倍政権になってからは、地方参政権などの議論ができる状況にはないと思いました。地方参政権は今すぐに政策として取り上げるのは難しいと判断し、早期に地方参政権の議論につなげていくために、政策の中では川崎市などの取り組みを参考にして、定住外国人の市民参加、街づくりへの参画の仕組みづくりを進めようと思います。

具体的には、名古屋市は定住外国人を住民投票の対象にしていません。川崎市の先進的な取り組みを参考にして、外国人市民代表者会議の設置などを目標に、多文化共生社会へ向かっていく具体的な取り組みを政策として掲げていけるようにしたいと思っています。

ホームページに私の政策全体を載せていますので、お手すきのときにでも見ていただけたらと思います。

ご清聴ありがとうございました。

（日韓記者・市民セミナー　第四三回　二〇二三年二月一〇日）

第Ⅱ講　在日障害者の無年金問題を解決せよ

李　幸宏 ―― 年金制度の国籍条項を完全撤廃させる全国連絡会代表

福岡県筑豊で生まれました。貝島炭鉱という福岡県で一番最後に閉山した炭鉱の辺りに住んでおりまして、祖父母の代からそこで働いておりました。炭鉱のあたりですからデコボコの山の中腹に家がありまして、車椅子の人間にとっては非常にしんどい環境でした。

ですから子どものときから施設や養護学校など家から離れたところに住んでいました。在日コリアンは親族付き合いとかが濃いと思うんですけど、私はそういう親戚付き合いからやや離れたような、薄まったような環境の中に、二〇歳ぐらいまで生きてきました。たぶん重度の障害者は、そういう人が結構多いんじゃないかと思います。

現在、障害者運動の中で働いています。ＤＰＩ（ディーピーアイ）日本会議という、いろんな障害当事者団体が連合しているような団体があるのですが、そこの相談員を、今流行りのテレワークでやっています。

＊在日障害者無年金問題の歴史経過

この問題の経過ですが、一九四五年の日本の敗戦の翌年、四六年に国民年金・厚生年金制度などの被用者年金（雇われてる人の年金）について、国籍条項を削除するようにＧＨＱから指示されました。厚生年金の国籍条項は、この時点からなくなっています。一九四八年に世界人権宣言が採択されて、日本もその趣旨に沿って国連に復帰するべきだったと思うんですけども、サンフランシスコ条約を締

■問題の経過■

1945年	日本敗戦。ＧＨＱ政策開始。
1946年	被用者年金（厚生年金制度など）に国籍条項削除の改正。
1948年	世界人権宣言　国連採択
1952年	サンフランシスコ条約で日本独立。在日コリアン選択なく日本国籍喪失。国籍条項による恩給関係・社会保障からの排除が始まる。
1959年	住民年金としての国民年金制度の施行。
1972年	ハンセン病療養所と在日コリアン入所者に対して「自用費」という名目で障害基礎年金と同額の給付金が支給されるようになる。★本来は同年金要求。
1972年	大阪の塩見日出さんが障害者福祉年金を求め提訴→敗訴（第一次塩見訴訟）
1979年	日本が国際人権規約批准。
1982年	1月1日日本で難民条約が発効。
1984年	厚労省に2万人以上の改正要望の署名を持って行く（私など）。
1988年	第二次塩見訴訟（難民条約以後）→敗訴。以後の他裁判も全て基本敗訴。以後の他裁判も全て基本敗訴。
2004年	「特定障害者特別障害給付金支給法」議員立法で制定。最終段階で排除される。
2009年	民主党政権が発足（3年間）。解決の働きかけ充分にできず。

結して日本が独立した後に、在日コリアンは日本国籍を喪失させられました。国籍条項による軍人軍属の恩給関係・社会保障からの排除が始まってしまいます。

一九五九年、住民年金としての国民年金制度が施行されます。年金の制度は、大きくは「被用者年金」つまり職場で雇われていることによる年金と、「住民年金」といって地域住民であることによる年金があります。住民年金は自営業の方とか主婦とかが入れるような年金です。今では国籍条項がないんですから、国民年金というよりは住民年金と言うべきですが、国籍条項がなくなっても国民年金という名前のままで、日本人だけが入って当たり前だというような誤解が続いている感じではあります。

国民年金制度が始まったときに、既に障害を持っている人、二〇歳以前に障害を持って掛け金をかけることができなくて障害を持ちながら生きていくことになる人に対しては、賭け金をかける余裕がなかったので、当時は「障害福祉年金」といいましたけど、保険制度によるのではなく、全額国庫補助によって出されていたんですね。

国民皆年金というか、掛け金を掛けてなくても年金が保障される仕組みっていうのが整備されてきました。

もう一つ、老齢者に関しては、掛け金をかける前にもう既に六五歳を過ぎていたという人に対しては、「老齢福祉年金」といって、日本人の高齢者に対して支給されていました。当時は三万円弱ぐらいから最初始まったんですけど、全額国庫を財源にして始めたんですね。これは税金を同じように払っているわけですから、最初から非常におかしかったわけです。

＊いち早く声を上げたハンセン療養所の人々

それがおかしいということで、いち早く声を上げていた人たちがいました。ハンセン病療養所の人たちです。ハンセン病療養所の中では在日コリアンの方が非常に高い比率で入所しておられました。五分の一とか十分の一はいらしたと思うんですけど、人口比率から考えると高い比率です。貧困で体力がなくて、免疫が落ちているとなりやすいのがハンセン病ですが、非常に高い比率で住んでいた在日コリアンのハンセン病患者の方々は、一緒に日本人の人たちと協力しながらやっていたんです。一方には年金が出るようになって、一方ではないという非常に苦しい思いをさせられたということです。

これに対して日本人の患者会の方々が、すごくきしみはあったけど協力してくれたことも多かったんですね。記録によると、当時の視覚障害、全盲の日本人の療養者の方々がすごく積極的に、そういうおかしいことは改善するべきだということで一緒に声を上げてくれました。厚労省前に座り込んで運動するようなこともされていたようです。

在日コリアンの比重が多いわけですから、あまりにも所得がないとなると、療養所の運営自体にも支障をきたすということもあったようです。それで国は、療養所の枠内で「自用費」という、位置づけがよくわからない名目ですけど、年金と同じ額を出すことにして応えたようです。

それが実現したのが一九七二年で、もう最初の頃に声を上げ始めた方の中には亡くなられた方もおられたと聞いています。在日の方で、そういう療養者の記録を、ハンセン氏病記念館の在日コリアンのスタッフの方が経過をまとめられています。

＊二次にわたる塩見訴訟

一九七二年に大阪の塩見日出さんが、結婚されて日本籍を取った方ですけど、在日コリアンの時に障害を持ったということで、障害福祉年金を求めて提訴しますが、敗訴します。

この後、日本は一九七九年に国際人権条約を批准します。一九八二年一月一日には難民条約が発効します。難民条約が発効して国籍条項が無くなったのだから、それ以降も出さないのはおかしいのではないかということで、一九八八年に塩見さんがもう一回提訴します。「第二次塩見訴訟」と言われていますが、それでも敗訴してしまいます。

ちなみに、私は一九八四年に厚労省に、二万人以上の改正要望の署名を持って行ったことがあります。当時まだ二四歳ぐらいでしたが、養護学校の教師たちとか、地元の人たちが協力してくれました。それ以降の動きの中では、福岡の民団の方とか、いろんな方とも協力関係を継続していくようになっています。

*各地で起きた年金裁判

私は裁判をしなかったんですけれど、京都で障害者の裁判、高齢者の裁判がありました。大阪でもあって、それから一番最近の裁判が福岡なんですけれども、全部最高裁まで行って敗訴ということになりました。

福岡の方は改善をしなかったことに対する慰謝料というものも含めた形で、少しそういうものを付け加えながら提訴しているんですけれど、残念ながら「どこまで入れるかは国の裁量である」というところで共通して敗訴になります。ただし、「本当なら改善してもよかった」というようなリップサービスみたいなことも、裁判の文言の中に入っている場合もあります。

京都の方とかはわりと聴覚障害の方が中心になって、まとめ役の男性がいて頑張っていたんですけど、裁判が終わってしばらくして亡くなられてしまいました。

＊特定障害者特別障害給付金支給法

本当にがっくりきたのが、二〇〇四年に「特定障害者特別障害給付金支給法」というのができた時のことです。

学生の無年金とか、主婦の方の無年金の方の場合に、最近は免除を申請すると免除できる仕組みがあるんです。以前はお金がないときに免除するという制度がなくて、お金のない学生がバイトをしていて障害を持った時に無年金だったんです。主婦の方も、離婚した方も、いろんな事情で障害があったときに対象にならなかったことが多々あったんですね。

学生の無年金の方とかが特に中心になって、全国的に裁判を起こしました。これは私らと違って、裁判で勝ちました。制度の不備があるんだから改善すべきだろうということで、年金と同額ではないんですけれどもある程度のお金を出しました。一級の障害者ならば五万円ちょっとという形で、給付金制度ができたんです。

これは委員会に出されるちょっと前まで、在日コリアンの障害者も入っていたんですね。特に公明党の坂口大臣があの当時やっておられまして、坂口大臣はそういう在日コリアンの人権関連のことはわりと積極的でしたし、公明党もそのころはけっこう積極的だったんです。ぜひ入れたかったようなんですけれども、自民党と厚労省に反対され、私達が排除されることとなりました。

筋論から言うと、不備があったとはいえ、任意では入れた学生と主婦の方が救済されて、全く入れなかった自己責任のない私達は救済されなかった。もうみんながっくりしてしまって、すごく怒ったわけです。それからもう既に二〇年がたってしまいました。

この法律が通る時に、一応、付帯決議の中で「在日コリアンの状況を見て、今後検討するかもしれない」みたいな附則が入ったんです。決議で。だけど厚労省交渉をマメにやれたわけではなかったんですけど、厚労省交渉なんかやっていく中でも、検討している様子が全然ないんです。

検討するためには、生活状況を調査してくれとずっと要望してきたわけですけど、調査する気はないという。調査もしないんですから、検討するも何もなくて、ずっとそのままです。二〇〇九年に民主党政権ができましたが、そのときにもっと準備を整えて、一気にやらなくちゃいけなかったなと思っています。

＊政治への働きかけと年金審議会への要望書

民主党政権の間に、障害者の政策委員会でいろんな団体に障害者政策の課題をヒアリングすることはあったんです。そのときに行かせてもらって発言はしたんですが、改善のスケジュールに乗ることはなく、そのうち民主党政権も窮地に追いやられるような形になってしまったんですね。

それからは、こちらもどこからやっていいかわからなくて少し休憩みたいな時期があって、数年前からぼちぼちまた再開し始めました。

ところがコロナが来て、コロナの後にオンライン会議とかＺｏｏｍとかが世の中にずいぶん浸透してきました。それまでは皆んな点のように、当事者も支援者も地域にポツポツいるというような状態で、なかなかやりづらかったんですけど、オンラインで話ができるようになって、定期的に会議を持てるようになりました。それが少し復活してきたきっかけにはなりました。

先日、年金審議会に要望書を提出して以下を要望しました。（末尾に資料）

①一九六二年一月一日以前に生まれた在日外国人の障害者に対して、障害基礎年金を支給すること

②一九二六年四月一日以前に生まれた在日外国人の高齢者に対して、老齢福祉年金を支給する

こと

前者は現在六二歳以上の方になりますが、後者の高齢者の方は九八歳以上になってしまいます。ほぼお亡くなりかなと思います。年金制度内でどうしても対応できないなら、年金制度外で同等の額の何らかの給付制度を作ることことを年金審議会に要望しました。

昨日、こちらが出した要望はＰＤＦの形にして、審議会の各委員に厚労省の方からメールしましたという返事が来ました。一応委員の方には届いたということになります。

ただ、その審議会の中で特別に議題として上がっているわけではないので、実際には送りっぱなしの要望になってしまう可能性があります。

今まで審議会に要望することは思いついてなかったんです。厚労省一本槍で交渉していたんです。だけど考えたら、厚労省自身が排除の音頭を取っているようなものだから非常に難しいわけです。周辺を攻めないと駄目だということで、遅まきでも言っていこうということです。ただ年金審議会をご存知の方の話では、やっぱり厚生労働省の人たちが、委員に審議してもらいたい項目だけを提示して、枠内で審議するという形なので、実質は非常に難しいと聞いています。

並行して、ぽつぽつやっているのは、二〇年前に給付金制度で排除されたことをめぐって、もう一回対象に入れてくれということで、厚生労働委員会の議員の方々に、自民党や公明党など、いろんな方々がおられるんですが、そういう方々に説明に行ったり、郵便物を送ったりとか、アンケートを書いてもらったこともあったのですが、そういう中で、努力していただけるという議員さんに中心になってもらいながら、話を進めているところですが、なかなか自民党の議員は厳しいとは思っています。

ただ二〇〇九年の民主党政権の時など、あらかじめ準備を進めていかないと、いざというときにそれを活用できないなというふうに思いまして、政治情勢が流動的なので、案外変わっていく可能性もあるんじゃないかと思っています。

*ネット上のひどい書き込み

この審議会に出したときに記者会見をしました。そのとき出た記事の中に、『週刊金曜日』の記事があって、それがヤフーニュースに転載されたんです。ヤフーニュースはものすごく影響力があって、たくさんの人が見る結果になりましたが、正直軽いショックを受けるぐらいひどい文章、反論が多かったです。『週刊金曜日』に書いていただくときの説明が、歴史的なことにこだわって喋ったために、この問題は保険原理の問題ではないということが説明しきれてなかったからかとも思いました。「『週刊金曜日』の記事は、掛金を払ってない者もあるでしょう」みたいな反論も含まれていたんです。

在日外国人は税金をすべて払っているということを、わかってないかのようなコメントがありました。永住者は掛金も一九八二年以降は払っているわけで、支払いの義務を果たしているのに給付がないから問題にしているということが分かってないようなコメントが多数ありました。

それは、国際的な人権規約が理解されてないというか、世界の趨勢としては国内の国民と外国籍の永住者が社会保障の支払い者であって受け取る人間である、それが世界中の方向であることが、あまり理解されてないのかなと思いました。「不満があるなら帰れば」という露骨なものもありました。


『週刊金曜日』の日頃の論調を面白くないと思っているのかもしれませんが、在日外国人の人権を問題にするのは左翼的偏向であるみたいな書き方をする人もいました。

中には投稿している人自身がいろんな事情で生活保護も受けられず非常に困っていて、「外国人を助けるよりはまず私を助けてくれ」というような文章もありました。日本は相対的貧困率が高くなってきていると言われますし、貧富の格差が広がると、なにか不満のはけ口のようになりがちな構造があるのでないかと感じました。

ヤフーニュースを検索していただくと、まだ国内ニュースの下の方にあります。コメントを書いてる人は一〇〇〇件近かったんですけど、共感した人が一万二〇〇〇人もいる良くないコメントもありました。

ちょっと紹介させてもらうと、「国民年金に加入してないからもらえないのは当然だと思います。無加入させろと言うならば、数十年分の納付金を一括納入することが最低限必要だと思いますよ。無年金でお金がないなら、帰国してその国の生活保護制度を受ければ済むだけだと思います。日本はこうした人を税金で養う義務はないと思います。帰国されれば良いのではないですか」というような内容です。前半の方は保険原理のことを誤解されているのかなと思います。うまく伝わらなかったなと思うんですが、後半はカチンとくるような内容ではありました。

でもこれに共感した人が一万二〇〇〇人もおられたのは、ちょっと参りました。他にも問題になるような書き込みが多く見られました。

法務省や国も「人権啓発」を掲げますが、永住している人はちゃんと義務を果たしていることや、国際的な趨勢はこうですということを政府自ら啓発するべきだと言いたいです。

老齢福祉年金としては九八歳以上ということで、本当に極少数の方しかおられないだろうなと思います。掛け金を入れられる期間が少なくて、わずかな年金しかないという方は多数おられるだろうと思っています。

日本による植民地支配の反省は政策として見えません。そこのところが変わっていけば、いままで配慮してこなかったことも最低限改善して、謝罪もあるんじゃないかと思うんです。先のことになってもそうなればいいなと思っています。やれる範囲で続けているところです。

＊市民運動と自治体への働きかけ

順番が前後してしまいましたが、福岡でやり始めたときには、最初に在日障害者のメンバーが五人ぐらいが集まりまして、ぽつぽつと話しながら皆んなで分担して署名を作ってやっていきました。しばらくしてから指紋押捺拒否の運動が大きく起こって、そういう場でこの問題を訴えたりとかができるようになりました。当事者が各地でちょこちょこっと、支援者が声を上げた後にこういう問題が放置されてたねみたいな感じで、組織的に取り組もうということで、民団の各支部の方々、場所によっては民団と総連が協力しながら要望していったりとか結構ありました。その後、地方自治体の給付金制度をつくることと、自治体から国への要望書として上げてくれっていうのが、ローラー作戦のように広がりました。そのときは本当に市民運動だけではこのローラー作戦はできなかったなと思いました。

二〇〇〇年ぐらいから地方自治体が合併することが多くなりました。ですが在日に対する無年金の救済制度は、合併してもなくなることはなくて、合併した分だけ、ちょっと広い地域でフォローされるようになっていたんで、自治体数は減ったかもしれないけれども、実際にカバーしている人の数は増えたと思います。

その後、点だった在日当事者の運動も少し知られて、地方によって、兵庫とか、京都とかは、当事者が亡くなっても周りが頑張って運動して、年金額と変わらないぐらいまで給付金を上げて頑張ったところがあります。滋賀県とかも結構年金額に近いところまで給付金を上げてきました。地方ではすごく頑張ってきました。給付金を上げて、国に対しても可能な限りは強く言ってもらうこともありました。特定の地域だけじゃなく、いろんな声もあげているんですけど、地方の要望が国に反映するっていうのは本当にないんだなとつくづく思います。

この点では日本の民主主義は、国レベルに行けば行くほど、怪しくなると思います。本当に地方の声を集めたものが国の声になるんだったら、とっくに変わってなくちゃいけないはずなのに、そこが悔しい。そうしてもう四〇年になりました。

〔質疑応答〕

(Q) 地方では支給で対応する所が増えているとのことですが、合併した時には支給する方向に向かうところが多かったのですか?

(A) 今まで聞いた中では、ないです。

(Q) ということは、合併があると、どっちかと言うと悪くなるということですか。

（A）そうですね。ちなみに、支給額の低い所は年金額の四分の一ぐらいです。一級障害者で月八万円程度です。結構な額ですけど。安いとこだと四分の一で、半分ぐらいのところが結構あるかなと思います。市町と都道府県が両方出しているところもあります。

（Q）「要望書」は審議会に対してですが、厚労省や自治体に対する要望が過去にありましたか？

（A）これまでは、ほとんど厚労省に対する要望でした。

（Q）その際、厚労省の対応はどのようなものでしたか？

（A）ほぼ「検討します」というだけでした。「調査してほしい」と要望しても、今まで「うん」と言ったことはないです。

（Q）普通に考えて、要望には答えるべきだと思いますが、なんで対応しないのかな。国の金が足りなくてそうするのか、差別的なところがあってそういう対応をとっているのか、李さんに尋ねるのは筋違いもわかりませんが…。

（A）いや、そのことは私もよく考えます。過去に遡って救済すると、いろいろ波及する恐れがあるかもしれません。支出が増えるし、前任者を批判することにもなると思います。

以前に担当した人の政策を否定することは、たぶん官僚の世界ではなにかと差し障りがある。それを否定するようなことは絶対言わないという感じがします。また、さまざまな社会保障に、軍人恩給とか遺族年金とか傷病手当とか、そこに波及するのは困る、そんな気はします。障害者の要望に応えると、高齢者も無視しづらくなる。今はもう本当に数えるほどしか高齢者はいないと思いますが、四〇年前は結構な人数がいましたから。

（Q）サンフランシスコ条約の時点で旧植民地出身の人たちが国籍を喪失して以降、様々な形で排除されました。その一環として、年金制度からの排除もあるわけですが、排除したり経過措置を取らないことについての政府や厚生省、あるいは裁判所の理屈はどういうものでしたか？

また、陳情を一回認めちゃうと、どんどん財政負担が広がってしまうというのが本音としてあると思いますが、法律的、制度的な論理や構造はどんなものでしょうか？

（A）難民条約締結のときに、厚生省が抵抗したと聞いています。「難民条約は批准しない。批准するとしても社会保障の平等は当分守れない」という対応でした。

当時の厚生大臣が園田直さんで、この人はその前外務大臣でした。難民条約の締結を推進した立場の方だった。その後に厚生大臣になって厚生官僚とのバトルがあったそうです。

「過去に遡って救済はしない」というのが、厚生官僚と園田大臣の落としどころでした。園田大臣としては不本意だけど、今締結しないわけにはいかないので、そのことは宿題として、国籍条項をなくすことを優先して難民条約を締結しました。

難民条約には議定書を付けなくてはいけない。議定書はいろいろ決まりごとが厳しいです。

国際人権規約にも選択議定書がありますが日本は批准していません。難民条約は議定書もセットで締結しなければいけないことになっています。これはベトナム難民の問題で、アメリカからのプレッシャーがすごく強くて受け入れました。受け入れたが、過去には遡らない。これを妥協点にしたわけです。

その経過があるので過去に遡った救済は、厚労省としては一切しない。これが省の伝統になっているかと思います。厚労省の「国際年金課」というものがよく交渉の場に出てきますが、『在日外国人』という本を出された田中宏先生は、これを「国粋年金課」と呼んでいました。

（Q）訴訟でも排除されますが、判決も厚労省の主張をそのまま鵜呑みにしたような内容ですか？

（A）そうですね。社会保障を外国人にどの程度認めるかは、国に裁量権があるという判断です。それで一貫しています。ただ、「もう少し配慮があってもよかっただろう」みたいな言葉はあります。「認めなかったからといって、憲法違反とまでは言えない」という言い方です。これがわりと良い方の判決です。

（Q）実態調査について伺います。地方自治体で福祉給付金というものが出されているようですが、その自治体が調査して給付金支給になっているのでしょうか？　その場合、関係者が申告したら受給資格扱いになって、申告しない限りは受給対象者にならないのか。実態調査に関して現在どういうふうに考えていらっしゃるか、ちょっと事情を聞かせていただけたらと思います。

（A）こちらが要望しているのは、国・厚労省として、生活状況、特に経済状況について調べてくれと言っています。だけどやろうとしない。それなら、地方では既に調べているのだから、それを国が集計すればいいではないかと。それなら手間もかからない。そういう要望も出しました。

この要望については、「それぞれの調査の基準がバラバラなので、集めても意味がない」と言うんです。基準が違ってもある程度実情が見えてくるはずです。国が声かけさえすれば、喜んで地域は渡します。それはメール一つ、ファックス一つでできるはず、と言うんですけど「今のところ難しい」と。「検討します」とも言わなかったです。本当に酷い対応がずっとなんです。

（Q）民団にこの問題を持っていくということはありましたか？

（A）あります。韓国と日本の定期的な協議とか、政府間交渉があると思いますが、そういうときに民団経由で行った要望が、項目として入れていただいたこともありました。また出していただけたら嬉しいなとは思っています。厚労省としては把握して対応されたことはわかっています。

（日韓記者・市民セミナー　第六〇回　二〇二四年九月二〇日）

社会保障審議会 遠藤久夫会長、他委員の皆様
社会保障審議会年金部会 菊池馨実部会長、他委員の皆様

在日外国人無年金問題解決へ向けた要望

年金制度の国籍条項を完全撤廃させる全国連絡会
代表 李幸宏
在日無年金問題の解決をめざす会・京都
代表 金順喜、李晴茉
障害年金の国籍条項を撤廃させる会
代表 北川 敏雄
在日外国人の年金差別をなくす会
代表 柴田 厚夫
全国連絡会事務局：鄭明愛（チョンミョンエ）

より良い年金制度の実現に向けた、日ごろからのご尽力に敬意を表します。

私たちは、国民年金における国籍条項の完全撤廃を求める各地の市民グループの全国連絡会です。日本の難民条約批准により、１９８２年、国民年金法の国籍条項は形式的には削除されましたが、無年金が生じないために必要な経過措置を欠いたため、多くの外国人が無年金を余儀なくされました。国籍条項は実質的に残っています。その無年金者のほとんどが、１日植民地出身者である在日コリアンです。

私たちは、これまで厚労省への陳情、裁判所への提訴、外務省、ジュネーブの国連人権条約機関への訴え、当事者の暮らす自治体当局（都道府県、市区町村）への要請などを積み重ねてきましたが、いまだ解決に至っていません。

障害基礎年金支給に相当する障害を持つ現在62歳以上の在日外国人は、20歳以前から日本に住み障害を持っていても障害基礎年金が支給されたことがありません。自分に過失があったわけでもありません。制度によって排除されているのです。１９２６年4月1日以前に生まれた在日外国人の高齢者に対しても同じような理由で老齢福祉年金が支給されていません。

社会保障の要である年金制度から排除され続けていることは、差別でしかありません。高額の厚生老齢年金をもらえるような労働環境で働いてこられた障害者はほとんどいません。厚労省の担当者の前で、法廷で裁判官を前に、「国は、わしらが死ぬのを待ってるんか」と叫んだ在日コリアンの当事者は、一人また一人と亡くなっています。

貴審議会は、負担と権利の公平さを目標に、年金

のあり方を審議し答申を出されておられるのだと思います。しかし、厚労省が示した資料によれば、在日外国人の無年金問題は１９９８年以降議論されてこなかったようです。残念です。放置されてきた差別の是正のため、政府答申に下記のことを加えていただきたく要望する次第です。

記

一、１９６２年１月１日以前に生まれた在日外国人の障害者に対して障害基礎年金を支給すること。

二、１９２６年４月１日以前に生まれた在日外国人の高齢者に対して老齢福祉年金を支給すること。

三、上記一・二が年金制度内でどうしても対応できないならば、年金制度外で同等の額の何らかの給付制度をつくること。

２０２４年８月１日

【要望の背景】

「厚生年金保険法」（１９５４）には、国籍条項はありません。戦後の占領当局の「覚書」（１９４５・11）で国籍差別禁止を指令され、「労働者年金保険法」が１９４６年に国籍条項を削除され、「厚生年金保険法」はそれを引き継いだからです。

１９５２年サンフランシスコ条約で日本は占領を解かれて独立し、自由に法律制定ができるようになります。条約の発効直前、一片の法務府民事局長の通達で、「朝鮮人、台湾人は、内地に在住する者を含め、すべて日本国籍を喪失する」とされました。当事者には何の意思確認もありません。オーストリアを併合した同盟国ドイツでは、西ドイツは国籍問題規制法（１９５６）制定により、在独オーストリア人には国籍選択権を保障しました。対照的です。

住民年金として制定された「国民年金法」（１９５９）は、国籍条項がつけられ、外国人住民をその対象外としてしまいました。その後、「児童扶養手当法」（１９６１）、「特別児童扶養手当法」（１９６４）、「児童手当法」（１９７１）が制定されますが、ことごとく国籍条項が設けられていました。「国民年金法」の国籍条項には、当初から、国籍条項撤廃を求める声が上がっていましたが、日本政府はなくそうとはしませんでした。

日本は、在日する旧植民地出身者とその子孫に対して、一方的に日本国籍を喪失させ、一方的に国籍条項により社会保障から排除したのです。植民地支配の反省はないと思う方が自然です。１９４８年に国連総会で採択された「世界人権宣言」は、第２条で「差別の禁止」が掲げられ、第15条には国籍をほしいままに奪われないとあります。明らかにその精神にも反しています。

１９７０年代のベトナム難民の問題から、内外人平等の国際的な規約。条約受け入れを日本政府に求める声がアメリカをはじめとして強くなります。そこで、１９７９年に国際人権規約（自由権、社会権）を、１９８１年に難民条約をそれぞれ批准しました。前者に関連して、公営住宅など公共住宅関連を外国人に開放し、後者に関連して、国民年金法、児童手当３法の国籍条項削除の法改正が行われました。国民年金制度が始まったとき、日本人の場合、掛け金を払う前にすでに障害を持っている人、高齢である人には、それぞれ障害福祉年金（現在は障害基礎年金）、老齢福祉年金が、国庫を１００％の財源として支給されることになりました。在日外国人は日本人と同様に税金を払っています。同じ適用をすればよかったのに日本政府はそうしませんでした。

年金加入が任意だった時代、「未加入のため障害者となっても障害年金が受給できないのは国の立法不作為だ」として起こされた学生無年金の裁判は、２００４年国側敗訴の判決となりました。学生無年金の勝訴判決を受け、２００４年12月、「特定障害者特別障害給付金支給法」が制定されます。在日無年金障害者の裁判は、制度的無年金であるにもかかわらず、経過措置を欠く不作為が問われることなく２０００年提訴の京都裁判をはじめ、いずれも国側勝訴に終わりました。そして「特定障害者特別障害給付金支給法」からも、在日無年金障害者は対象外とされます。同法附則第２条（検討）に、「今後検討～」とありますが、20年間調査もされず放置されています。

一方で、国に比べ自治体は対応してきました。自治体（都道府県、市区町村）は、外国籍住民の「無年金」を放置できないとする当事者を含む市民運動の度重なる要請を受けて、独自に「給付金」を支給しています。１９８４年、大阪・高槻市の「在日外国人障害福祉年金支給要綱」を皮切りに、２００３年には、高齢者について765自治体が、障害者について660自治体が、「給付金」制度を実施しています（当会調べ）。2022年、兵庫県では、県と県下自治体と併せて、老齢福祉年金、障害基礎年金と同額の給付が実現しています。また、自治体レベルの様々な全国的協議体からも、累次にわたり国に対して、問題の解決を促す「要望」が出されています。ちなみに、直近では、2024年「社会福祉関係予算に関する提案」大都市民生主管局長会議（東京都及び20政令市参加）「(4)制度上の理由により国民年金に加入できず、無年金者となっている在日外国人の障害者や高齢者に対する救済措置について、早急に実現すること」と要望しています。厚労省に確認したところ、2016～2023年度で31団体から103件の要望が出されています。

また、国連からの勧告も積み重なっています。国連・人権委員会任命の特別報告者ドゥドゥディエン氏は、2005年7月、日本を公式訪問。同報告書は「年金の給付を受けることができない70歳以上のコリアンに対する救済措置をとるべきである」と指摘されています。自由権規約委の総括所見（08.10）では「年金制度から外国人が差別的に除外されないために、国民年金法に定められた年齢要件によって影響された外国人に対して経過措置を講じるべきである」と指摘されています。人種差別撤廃委の総括所見（14.9）では「締約国に対し、現在対象外となっている日本国籍でない者に対し、障害基礎年金の適用を認めるために法令を改正することを勧告する」と勧告されています。自由権規約委の総括所見（22.11）では「植民地時代から日本に居住する在日コリアンとその子孫を、利用できるはずの支援プログラムや年金制度の利用を妨げている障壁は取り除くべきである」と指摘されています。日本政府はこれらの勧告に対して何の対応もしていません。

このように、日本政府が無年金の在日外国人障害者・高齢者の救済措置を取ってこなかったことに対して、内外から多くの批判の声があがっています。日本政府の政策は貧困を強いるものです。同時に「貧しきを憂えず、等しからざるを憂える」とも言います。貧困を強いるだけでなく、差別を是正しないことが問題なのです。貴審議会において、再度この問題をとりあげ早期の解決を提言してくださるようお願いします。

第Ⅲ講　開かれた政策を目指して
日本の外国人政策を検証する

鄭　暎惠
——社会学者

私がカナダに住んでいる直接的な理由は、ちょっと一生懸命やりすぎて体を壊しまして、休職を二年間ぐらいして、そのときにたまたま家族がカナダにいたので、転地療法じゃないけど気分を変えてカナダに行きました。元々私はカナダで勉強したいことがいっぱいあったので、今はメディカル・アンソロジーとか、日本では勉強できないことを勉強したりしています。

それにつきましては来年一月一七日に、インター・ジェネレーショナル・トラウマという、植民地支配や戦争と虐殺、関東大震災のこともありましたが、そういうものを経験した人たちの複雑性トラウマが世代を超えて伝わるということについて、もう海外ではデータでも検証されているんです。それがメンタルヘルスに影響を及ぼしているということで、そのことについて上智大学グローバルコンサーン研究所でシンポジウムをやりますのでぜひお越しいただければと思います。

社会学者になったのは、やっぱりアイデンティティについていろんな悩みを抱えていたことが多いとは思うんです。私は本当に不勉強なノンポリで、どうしようもない大学生でして、二年生に進学したときに専攻別にわかれるテストで、社会学小辞典をとにかく読めと先生に言われました。そこに「在日朝鮮人問題」という項目があることを知りました。

「在日」はウチだけじゃなくて、社会的問題なんだということを知って、ショックを受けて社会学を勉強しているうちに、自分の中のモヤモヤが解けてきたのが発端です。

●国家にとって、国籍保有者と永住者の差異は何か

「開かれた外国人政策を目指して　――日本の外国人政策を検証する」というテーマをいただきました。カナダの移民政策のことを、日本の社会状況とあわせて考えてみたいと思います。

まず初めに、国家にとって国籍保有者と永住者の差異は何でしょう？

税金を滞納すると永住資格を剥奪するという、改悪入管法が六月に通りました。まだ施行はされていないと思いますが、ここにはかなり大きな問題があると思っています。最終的には特別永住者にも、関わってくることだと思います。特別永住者だから関係ないというのではなく、やっぱり日本社会全体の問題として考えなければいけないと思います。特に日本国籍者の人も含めて、考えていくべき問題だと思います。

まず、紛争地帯から自国民を退避させるためには、日本だったら自衛隊とか、他の国では空軍の飛行機を飛ばすことはよくある話です。

これは一〇月四日の産経新聞のネット記事ですが、「レバノンからの邦人退避に備えヨルダンの空港に到着　空自のC2輸送機二機」の見出しで、「邦人」は日本国籍者が対象だと思います。

その下はカナダの記事で、「Evacuations during the Israel-Hamas war」ということで、イスラエルとハマスの戦闘から退避するために、カナダのエアフォースを飛ばしたと、これは去年

（二〇二三年）の一〇月一二日の記事で、紛争勃発から五日後のものです。

なおかつ、ここの「its citizens」は、カナダでシチズンシップを持っている人だけでなくて、永住権者も含まれています。

保護対象が片や国籍保有者ですが、在日の歴史を振り返れば、日本国が個人に対する責任を放棄するために、一九五二年四月二八日に一方的に日本国籍を剥奪した経緯があります。それは国家の責任放棄で、国籍がない者に対してはその責任がないといったようなやり方をしてきました。

本当は国籍って何なのか、市民権者と永住権者（日本は永住資格ですけれども）、その永住者との違いは何だと思いますか？　それがどういうところから生まれてきた差異だと思いますか？　そう問いかけて、今日のお話を始めたいと思います。

日本の状況がいかに私から見ると異常な状況なのか。このことを説明するために、カナダの移民政策についてまずお話しします。

（1）カナダの「寛容な」移民政策と人口政策

直近のカナダ統計局の発表によれば、カナダの人口はやっと四一〇〇万人を超えたところです。これ少ないと思いますか？　どうでしょう。でも、ちょっと前まで三五〇〇万人だったんです。

私から見てみると、なんて急に増えたんだろうという感じがします。四半期、つまり三ヶ月ごとに〇・六％ずつ人口増加、これは年に換算すると二・四％で、カナダの人口規模からすると、毎年一〇〇万人ずつ増えているんです。日本とは逆です。

少子高齢化や人口減少に関する問題というのは、今のところカナダではありません。年齢の中央値は四〇・三歳、平均年齢は四一・六歳ということで、日本よりも全体的に若い国です。一四歳以下は一五・二％。六五歳以上の人口比率を指す高齢化率は一八・九％で、社会を担う中核とされる生産年齢人口は六五・九％です。この方たちが主に納税もするし、まだ年金をもらってない人たちです。

＊対する日本の少子高齢化

対して日本はどうか。日本は二〇二〇年の数値で、人口は一億二〇〇〇万強ですが、生産年齢人口は約五九・五％、高齢化率二八・六％です。カナダよりも高齢化しており、生産年齢人口は少ない。そして今後どんどん少なくなる。これが少子高齢化ということの具体的な数字です。

高齢化率は、総務省の推計によると、二〇五五年で三八％です。二〇五五年って今から何年後ですか？　大体三〇年ぐらい後ですが、私の予想では三八％より高くなります。

日本の人口の減り方は、日本の政府が想定しているよりもっと早く減少して、高齢化率も高くなる。税金を滞納すると永住資格を剥奪する、そんな政策を未だにやっているからです。今いる人も活かせないで、逆に追い出してどうするつもりなんですかと、私は聞きたいです。

カナダは人口が増加している国ですが、人口増加の要因の九九・三％が移民の転入によります。ですから、カナダは移民を受け入れなかったら少子高齢化の国になったかもしれません。

つまりカナダは、日本のようにならないようにするために、移民を受け入れるしかないと、早くから割り切っていたのではないかと思います。

私も今、カナダと日本の二拠点生活をしていますが、カナダが特別に親切な国だとは思いません。むしろレイシズムもある。だけど政策としては日本と真逆なんです。それは移民の人たちのためというのも半分ありますが、やっぱりカナダの国益にかなっているからです。だから毎年、何人、移民を受け入れるかの数を決めていています。

＊永住権付与は毎年四八万人

以前は、何らかのビザを取ってカナダに移民したい人の申請手続きが大変でした。申請書類の山が減らないどころかどんどん増えて、移民局の職員がオーバーワークでストライキをして、半年ぐらいビザ発給業務が止まりました。

移民局労働者と政府が協議して、業務を受け付けられる人数だけ受け入れることになりました。移民の選別は抽選制のガラガラポン方式です。

毎年、永住権を付与する人だけでも四八万五〇〇〇人います。その他に、就労ビザ、留学生ビザ、投資ビザ、投資移民というのもあります。あと芸能人ビザとか、いろんなビザがあって、でもわかりやすく永住権を付与している人だけを見ても四八万人ずつ増えているわけです。

カナダ市民の内訳を見ますと、約二三％は移民一世、一七％は移民二世です。子どもの頃に来た人がどちらに入っているのかちょっと不明ですけども、大体市民の四割以上、半数近くが「ヘリテージ・カルチャー（Heritage culture）」とカナダでは呼んでいる、出身国の言語文化を維持することを奨励されています。

＊ヘリテージ・カルチャー（Heritage culture）と多文化主義

例えば、両親の一方が日本人である子どもたちは、二つの文化を継承することを推奨されて、そのために日本語だったら日本語補習校というのが金曜日の夜とか、町によっては週に三回ぐらいとか、自治体によって違うんですが、維持するための教育機関があって、市や州から補助金が出ています。

そしてコミュニティ中心の生活を送ります。だから新しく来た移民が、カナダ社会にポンと放り出されて孤立するのではなくて、ヘリテージ・カルチャーを維持しながら、先輩の移民からアドバイスを受けたり、人脈を使ってなるべくスムーズに新しい社会に溶け込めるようにするといった配慮があります。

それではコミュニティごとにバラバラになるのではないかと心配される方もいらっしゃいま

す。大きな街に行けば行くほど、多少そういう傾向はありますが、私が住んでいるエドモントンという人口一〇〇万ちょっとの町では、いい具合に混ざり合っています。

例えば日本人の人が歯医者に行こうと思っても、日本人の歯科医師がいない。すると日本に一番近いコリアンの歯医者に行くんです。食文化が近いと、歯やあごの形状が近いので。税理士さんとかも、日本人の移民の人は、コリアンの税理士のところに行く。

アジア圏ということでは、やっぱり中国系と言われる人たちが結構多いんです。中国人の人口割合にバランスをとるためには、中国人以外のアジア人が結集すべきだという人もいます。日本人とも積極的に連携しようということで、「私、日本から来た」と言ったら、「あんた在日コリアンで日本語もわかるしちょうどいい」といった感じです。「もっと日本からエドモントンに人を呼んでよ」と言われました。アジア・コミュニティを協力してやっていくという発想があるからです。市としても、各地でそれぞれの文化を紹介し合い相互理解を進めて、カナダ市民として連帯する。

だから、それぞれ違いを持つけども一緒に暮らしていける。そういう実態によって、同じカナダ市民としての連帯も生まれています。これは積極的に作っているということもあるし、なおかつ、それぞれのコミュニティの結束を高めて、ファンド・レイジング（NPO等の非営利組織が資金調達をすること）までできる、そういうお祭りがあります。エドモントンはカナダで一番大きいと言われていますが、こういうお祭りはカナダ各地どこにでもあります。

多文化主義の目的は、多様な文化がありますよということだけではなくて、その横の繋がりを作っていくことでジャスティス（社会的公正）を実現することです。

多文化主義が憲法に明記されているのはそう多くなくて、カナダはそういった数少ない国の一つです。唯一の国だという人もいます。

多様性の社会では、身内とよそ者の境界線を引くことが不可能です。内側も外側も多様性という意味では一緒なので、どこに境界線があるかというのは非常に不明瞭になります。カナダ国籍保有者と外国籍者、特に永住権者との境界線は限りなく細くなっています。移民がマジョリティーではなくてマイノリティでもなくてマジョリティーの社会です。

＊カナダの問題　先住民族に対する同化排斥の政策

カナダでの問題はむしろ新しく来る移民ではなくて、人口の約四％の先住民族への同化排除の政策が、残念ながら今でもあります。その方がむしろ深刻で、文化的ジェノサイドとしてのレジデンシャルスクール（residential schools）。日本では「寄宿学校」というふうに訳されているようですが、最後の寄宿学校が閉校になったのはつい最近の一九九六年です。

同化させるために、先住民族の子どもたちを家族から引き離して寄宿学校に入れるんです。親から先住民族の文化を受け継がないように。そして思い通りにならないと、虐待をする。性的虐待もありました。ここに送られた子どもたちは約一五万人と言われ、その中の五万人が亡くなっていて、秘密墓地に葬られたと、学校で教わりました。でも、まだ真相を究明中で、実は一五万人の半分ぐらいの子どもたちが亡くなったのではないかと言われていて、大変深刻な問題です。

ですから九六年に閉校した学校で、もし最後までこういうことが行われていたとしたら、そこで亡くなった最年少の人は、今生きていたら三五歳ぐらいになります。極最近までこういう深刻な問題がありました。

*ディアスポラが経済・政治・外交の要

こうしたレイシズムはカナダでも残念ながらありますが、反移民の政党は多数派にはなりにくいです。なぜなら移民がマジョリティーですから。移民が社会の一翼を担い、生産年齢人口の中の多くを占めて主権者になり、さらに家族や友人知人を出身国から呼び寄せています。

市民それぞれのディアスポラ（祖先の地を離れて暮らす人やそのコミュニティー）がカナダ経済・政治・外交の要になっています。だから移民が来れば来るほど成長するようなシステムが社会の中にあって、それが重要な柱になっています。

革新系の政党が与党であれば移民政策は開かれていますし、保守系になると閉まることもあります。ですがこのことは、実は移民の流入を調整するということでもあります。無制限に入れると、カナダといえども社会のバランスが崩れるのでうまく調整する。移民の間口が広がったり、ちょっと狭まったり、完全に閉じることは、あまりないと思いますけれども、そういう形で今までも世界の情勢によって、開かれたり閉じたりしてきました。

　例えば、約一〇〇年前からウクライナ移民がたくさん来てますし、ソ連が崩壊した後には東欧から来てたり、一九九七年前後から香港・台湾、中華人民共和国から来たり、九・一一以降シリア難民などムスリム移民もたくさん来ていますし、トランプ政権下で隣のアメリカから徒歩で来る難民もいっぱいいました。今もいます。

＊オープン・ワーク・パーミット・ビザ

　二年半前ウクライナ避難民にオープン・ワーク・パーミット・ビザ（open work permit visa）を発行しました。移民はどこの国でも弱い立場です。就労ビザを持っている人が首を切られると、そのビザが途切れてしまって、その移民が自分で勝手に変更できないので、ひどい雇い主でも我慢して働かなければいけない。こういうことはカナダでもあります。

　でもオープン・ワーク・パーミットだと、移民労働者の方がいやだと思えば他のところに移って、（日本でも外国人技能実習生の問題がよく話題になっていましたけど）他で就職先を見つけて変われる、雇主は誰でもいいから仕事さえあれば、そこに滞在し続けることができるというものが、オープン・ワーク・パーミットです。

　ウクライナ避難民は、すぐには難民として認められず、オープン・ワーク・パーミットになっています。ガザで攻撃を受けたパレスチナ移民も少なからず二重国籍で、一方の国籍がカナダという人が含まれています。

そういう人たちをどうやって救出するのかということが、たびたびニュースで話題になりましたが、カナダのビザを持ってない家族がガザにいると、その人たちを呼び寄せたいというカナダ市民もたくさんいるわけです。その人たちの、例えば移動の手段をどうやって確保するのか、そんなことが話題にはなっていました。

そうやって世界各地で紛争が広がるとカナダへの難民は急増し、カナダの若年層失業率も確実に上昇しています。今、エドモントンでは若年層の失業率が一七％と言われています。

＊失業者は新たな成長産業分野の担い手候補

でも、ここが日本とちょっと違うところで、新たな失業者は、新たな成長産業分野の担い手候補なんです。産業構造は絶えず流動化して変わっていくわけで、先細りする分野もあれば、新しく成長していく分野もある。失業した人や先細りの分野の人を、成長産業に速やかに異動させればいいっていう発想なんです。だからそのように異動させるための教育機関は非常に発達しています。

日本で言えば「職業訓練校」という名前になるのかもしれませんが、失業訓練校を日本のイメージで考えると、とんでもなく違った学校ができています。しかも大学院まであって、最先端の研究だけをするんじゃなくて、日常生活に必要なエッセンシャルワーカーを作る学校として、かなり大きな学校が各地にあります。

ですから日本のように、外国人が来ると失業者が増えるなどということはないわけです。失業者が増えても怯える必要もないわけです。カナダの視点からすると、「税金滞納者から永住資格剥奪」なんてとんでもないことです。せっかく自国を選んで永住してくれる人をわざわざ追い出して、在留資格を格下げするなんて、なんて勿体ないことを日本はするんだろう、どこが国益になるんだろうと思うわけです。

（2）いかにより良く定住してもらえるか？　カナダが熱心な理由

どうしてカナダは、より良く定着してもらえるにはどうしたらいいかということに熱心なのか、その理由を考えてみます。

ご存知のようにカナダの内陸部は冬にはマイナス二〇度から四〇度にもなる寒冷地で、温帯熱帯から来た移民の人たちはすぐに嫌になります。ほんとうに寒いんです。そこで楽しく心地よく暮らしてもらうにはどうしたらいいか。それと、一番大きな問題は隣の国です。世界最長の国境によって隔てられている隣の国は、カナダに比べて人口では一〇倍近かったんです。今はちょっとカナダも人口増えたので、九倍ぐらいかもしれませんが、ドラえもんで言ったらジャイアンみたいな国の給料が高いんです。

そうすると熟練労働者はみんなアメリカに取られます。だから医療関係者も取られてしまって、カナダはお医者さん不足で大変です。経済格差が少なからずあるために、隣国アメリカから絶えず熟練労働者を引き抜かれる側にあるんです。人口減少を避けて、かつ優秀な人材を得るためには、移民政策をフルに活用しないといけないんですね。

*リスキリングのための公的高等教育

あわせて、カナダで難民を、リスキリング（re-skilling）するための公的高等教育システムを構築して、アルバータ州では、市民権者、永住権者であれば学費が免除されて、かつ、月一八万円ほどの生活費が三〇ヵ月支給されます。大抵の失業者の人は新しい仕事を見つけられます。なおかつ新しい仕事は年収カナダドルで五万ドルぐらい。日本円で年収五五〇万円ぐらい。失業したからといって慌てたり、絶望したりする人はあまりいません。

ですから失業者は排除の対象ではなくて、リスキリング教育の機会を用意することで、新たな成長産業分野の担い手となる金の卵です。それと同じ考え方で、市立の総合高等学校に託児所が設置されています。

あらゆる方法で支援して高校卒業資格を得られればこの人は失業者になる確率が下がり、生活保護受給者を最大限減らします。学業中に妊娠出産した生徒さんが経済力をつけて社会に出たら納税者になるわけです。政府としては税収も増えるわけです。これは女性だけじゃなくて、男性も高校時代に父親になると支援を受けることができます。

ただし、こういった教育分野は、教育産業として海外から留学生もたくさん引き寄せるわけですが、留学生の学費は高いです。アメリカほどではありません。でも教育産業はカナダ経済を牽引する重要な大黒柱です。

*移民政策における日本とカナダの違い

ちょっと日本との比較でこんなことを書いてみました。

カナダの移民政策は、「鳴かぬなら　鳴かせてみせよう　ホトトギス」。移民は労働者であり納税者であり消費者であって、ともに社会を支え合う住民であって主権者です。

でも日本の入管政策は、「鳴かぬなら　殺してしまおう　ホトトギス」。外国人を差別して搾取すれば、必ず貧困・排斥・憎悪が日本人の間にも広がっていきます。

同じ社会の中にともに暮らしているわけですから、日本人だけは搾取しないで、日本人だけは貧困に陥れないでというわけにはいかないんです。やっぱり労働状況全体が劣悪化していきます。

カナダでたくさん日本に留学経験のある人たちに会いました。日本語で話しかけられたりするんですけど、「なんで日本にそのまま留まらずに、カナダにまた来たんだろう」と。これははっきり言いませんけども、みんな暗黙の了解で思っているのは、日本国内でのレイシズムが一因となって、日本社会をともに支えてくれたはずの素敵な人々を、日本社会がみすみす追い出している現実があります。

これは少子高齢化をますます加速させ、日本社会を滅亡へと近づける残念な現象です。定住外国人を人間として対等に快く受け入れ、ともに生きる知恵さえあれば、今の日本の社会にある全ての面で再生可能になるにも関わらずです。

ジム・ロジャースという投資家は、「日本は移民の受け入れさえすればいいのに、移民の受け入れをしないがために滅んでいく」と、もう毎年のように本で同じことを繰り返しています。それが一番大きいんです。

（3）「税を滞納したら永住資格剥奪」政策は少子高齢化が加速する日本国の滅亡宣言

「税を滞納したら永住資格を剥奪する」という政策は、少子高齢化が加速する日本の滅亡宣言だと、私は思っています。貧困に陥った外国籍住民のみならず、もはや日本人にすら生活保護を支給する財政的余裕がなくなった日本。税を滞納したら永住資格を剥奪し、貧困を理由に排除するのか。在留資格を格下げして、日本での権利を剥奪し、より弱い立場に追いやってさらに搾取するのか。

こういう構造を変えないと日本全体がどんどん沈んでいきます。逆に搾取された人々が貧困から脱出できる社会システムを構築できれば、生活保護を受給する必要はだんだん減っていきますし、人々は納税者消費者として社会貢献できる。子どもを産み育てていくことも可能となる。

カナダはこれを必死にやっているんです。それでも、四半期で〇・六％の増加ですから、日本が今から必死にやっても間に合うかどうかわからない。それどころか、日本の社会のシステムが回らなくなる。

皆さんお気づきだと思いますけど、私来る度に公共空間の植栽が、雑草で荒れ放題になっています。また、公共の場所のトイレットペーパーを変える暇もないというか、人もいないというか、それからトイレの清掃する人も少ないのか、公共空間のトイレの汚れとかにいろいろ現れてきています。

ですので、日本の社会に人口はまだあったとしても、今のようなシステムとして回るかどうかは、もっと早い段階で不可逆的にというか、回復不可能な状況になるのではないかと思います。

＊特別永住者と日本の人口減少

一九九一年に制度が始まったときに、特別永住者は六九万人余いました。それが二〇二三年末現在二八万人余になりました。

皆さん、この減り方は大きいと思いますか、小さいと思いますか？　九〇年代以降、在日の結婚相手の多くは日本国籍者になっていますよね。

そしてその間に生まれてくる子どもたちは、一九八五年から父母両系主義となった国籍法によって、ほとんど日本国籍者になっているはずです。こういうことを考えて、さらに毎年一万人ほど帰化してきたことを考えたら、私は「二八万人もまだいる」と言っては語弊がありますが、意外と頑張っていると感じました。

それは逆に言えば、坂中論文でもあったように、いずれはいなくなるだろうと予想した日本国政府からしてみると、まだこんなにいるのかと思っているかもしれません。

一方日本の人口ですが、第二次ベビーブームのピークは一九七三年で出生数二一〇万人弱で、その五〇年後の二〇二三年には七二万強ということで、単年度の年間出生数がほぼ三分の一近くに減少しています。これも日本政府の予想を超えていると思います。

つまりこの五〇年間で年間出生数が三分の一に減った日本社会において、三三年間で特別永住者が五九%、六割弱減ったということは、仮に特別永住者が最後の一人になるという事態を想定すると、その前に日本は社会としては破綻している可能性すらあるんじゃないか。比較する母数の数字が違うので単純には言えませんけど、可能性としてはあります。

一人でも多くの移民に来てもらって一緒に社会を支えなければ、日本の社会を維持できない状況であるにもかかわらず、今いる人まで税の滞納を理由に追い出すとしたら、これは本当に何を考えているんだろうかと思います。日本経済の敗北宣言。金の卵を納税者と消費者に育てる知恵がない政治の無策宣言。宝物をみすみすドブに捨てる愚の骨頂。よそ者への排斥は、元々寛容だった日本国民を天皇制のもとで同化させてきた差別的制度のコインの裏表です。

同化排除の政策で国家統合を図ってきた日本は、差別的制度を捨てて多様性社会への転換を図れないのだろうか。

今日はこういった多様性の社会に転換するために、日夜勉強しているゼミの学生さんもたくさんいらっしゃっているのでぜひお聞きしたい。というか、皆さんにこそ希望があると言いたいです。いろいろ考えると、もうここまでくると、多様性社会に転換する以外には、日本が滅びない方法はないと思います。

＊変えるべき差別政策

かつての日本は貧困に苦しむ多くの自国民を、日系人やからゆきさんとして海外に棄民しました。そして外貨を稼ぎ送金をさせていました。そのからゆきさんが送金した外貨があって、初めて日本は植民地支配に出ることが可能になったと山崎朋子が言っていましたが、植民地支配をして本当に日本は豊かになったのか。植民地支配で、周辺の土地を奪い、被植民者が出稼ぎ労働者として日本に移動するように追いやり、日本の産業を底辺から支えることを強いた。その結果、そういった富国強兵策の帰結として、日本は敗戦しました。そういう方法をとったことが、敗因の大きな一つだと私は思っています。

ですので、この差別政策を変えないといけない。もう懐かしいとすら思える亀井元法務省入管局長の一九八四年の指紋押捺拒否の運動の頃の証言ですけれども、「外国人と内国人の処遇について差異が生じるのは、国家に対する忠誠の質と度合いによるもの。国家に対する忠誠の度合いとは、国家が危急存亡の折、鉄砲を持つかどうかである」。これを改めて聞いても、こんなことを法務省の役人が裁判の中で、大きな声で言えるのが不思議です。しかもこの考え方は、今もどうやら変わってなさそうだということです。

それが最初に日本の中の国籍保有者と日本の中の永住者の間の大きな違いとして厳然とあるのではないか。日本は過去の破綻からその後何を学んだのか。外国籍住民への差別を始めとする、その差別政策によって再び日本は自ら滅びる気なんだろうかと思います。

（4）Thank you for choosing Canada. ～カナダでの在留資格

時間の関係で次のカナダの在留資格については読んでいただければいいと思います。（次頁）

日本の在留資格とどう違うのか。タイトルにある「Thank you for choosing Canada.」というのは、永住権が取れると、ＰＲ（パーマネント・レジデント・カード）、日本でいう在留資格の

〔カナダの在留資格〕

① **visitor visa（eTA)** ― 180 日間有効。就労不可。
Social Insurance Number は得られないが、海外旅行傷害保険または実費で、医療サービスも受けられる。

② **student visa** ―半年～１年間単位で、週 20 時間のパートタイム労働が可能。銀行口座は開設可能（＝ SIN は取得可能なはず)。教育機関の健康保険に加入可能。
２年以上の就学を経て卒業すると、３年間の就職活動ができるようにモラトリアム・ビザを取得可能。
→　移民希望者にとっても、移民受け入れ社会にとっても、カナダへの移民が良い選択肢となるかを見極める、双方にとってのお試し期間を設けている。

③ **working (holiday) visa** ―スポンサー（カナダ市民 / PR 者を既に９人雇っていれば、10 人目に外国人労働者を雇える資格を取得）となれる雇用主をみつければ、週 40 時間のフルタイム労働が可能。SIN 取得可能。health care system、年金制度にもフル加入可能。(カナダの国民年金は保険料無料)
頻繁に制度が変動するが、１～２年単位で、就労ビザは更新可能な場合もある。

同じ雇用主の下で１年間継続雇用されると、雇用主をスポンサーに、永住権の申請資格が発生。(雇用主の権限が強まり、劣悪な労働条件下で耐えなければいけない場合も多い。)

④ **Permanent Resident visa (永住権)**
カナダ政府は、劣悪な労働条件下で外国人労働者が耐え続ける状況を避けるために、PR 取得を奨励。
PR さえ取得すれば、劣悪な雇用主から逃れて転職することが可能。
連邦レベル ―ポイント制（申請時に 35 歳以上は不利）& 抽選制、海外からも申請可能
州レベル ―カナダ経験コース（既に１年以上カナダで留学または就労している人が対象）

カードが送られてきます。そこに手紙がついていて、「Thank you for choosing Canada.」と書いてあるんです。「移民の皆さん、カナダを選んできてくれてありがとう」「本当に皆さんのおかげでカナダは豊かになることができるんです」。

リップサービスにしても移民にしてみたら嬉しい言葉です。ですから、自分たちが受け入れられていると感じることで、カナダの多くの移民たちはカナダのために貢献しよう、本当に北風と太陽の逸話で言った

ら、太陽政策ですね。

＊ Permanent Resident visa（永住権）

④の「Permanent Resident visa」のところに移りますが、永住権は「早く取りなさい」というふうにカナダ政府から奨励されます。

なぜかと言うと、それがない限りは、オープンワーク・パーミットを持っている人以外の外国人、外国籍住民は不利な立場に立たされることが多いからです。外国人労働者が劣悪な条件で使われると、カナダ市民の労働条件も悪化していく。そういう意味では移民の人たちも、外国人労働者から主権者の労働者に、永住権ですけども、限りなく境界線が薄いので主権者に近づいてもらうことで、労働現場の環境の劣化を防ぐという意味もあります。そこでＰＲ（Permanent Resident visa）のビザを早く取りなさいというふうに言ってきます。

ＰＲをとると、雇用保険にも加入できますし、失業すると高等教育を無料またはかなり安い学費で受講できます。つまり、生活保護を受給しなければいけないような状態に陥った人は、民間と公立と両方の支援サービスを受けられて、そこから脱出できるようになるわけです。

冬の寒さが厳しいカナダでは、ホームレスになると本当に死んでしまいますから、ホームレスの人を見かけたら放置できない。必ず立ち止まって何か支援をするとか、寒くなると朝から晩までテレビやラジオで、「ホームレスのシェルターはここにあります」「ホームレスを見かけたらそこに行ったらいいよ、と声をかけてください」と報道しているんです。

ホームレスの人が「シェルターの住み心地はどうでしたか」とインタビューを受けて、「そうね、悪くないわね」と言っている。もちろんホームレスにはホームレスの深刻な問題があります。だけど、ホームレスになったから人生が終わるというようなことにはなっていないのが、カナダ社会です。


ＰＲの人には参政権はありません。ですが市民権と全く同じ権利が付与されます。積極的にカナダは多重国籍を容認しています。容認しているどころか、出身国の国籍がどこであれ、早くカナダ国籍を取って主権者になって、選挙に参加して、あなたの声をカナダであげてくれと言われます。みんなの声が届くことによって、カナダの国がより良くなる。声を出せない人がいればいるほど、それは社会にとってはマイナスである。こういう発想です。

ただ日本のように、その出身国の国籍法が国籍唯一の原則である場合、カナダの市民権を躊躇する人が出てきます。そういう人たちがカナダ国籍を取ると、いろんな形で本人に不利益が生じるので、その人たちはＰＲにとどまらざるを得ません。それをカナダ政府は知っているので、ＰＲを持っていても、ほぼ国籍を持っている人と同じような権利を確保しなければいけないというふうに考えています。

このように、社会から対等に受け入れられていると感じることで、社会貢献度もどんどん増えていきますし、オールドカマーはニューカマーを引っ張り上げるために、みんなリーダーシップを発揮していきます。こうした移民受け入れのサイクルの好循環こそが、寒冷地で、隣国アメリカ合衆国に比べて圧倒的に弱小国であるカナダの国益にかなっているんです。

これは本当に驚きの数字なんですけど、こうやってせっかく入ってきても、二〇年ぐらい前は三分の一がまた出ていってしまう。行く先は、お隣のアメリカだったりするわけですが、最近は逆に、アメリカからカナダに移りたいって言う人が増えました。だけど、熟練労働者ほどアメリカに移動する傾向はかなりあります。ですので、カナダには移民から在留資格を剥奪してまで追い出すという余裕はないと思われています。

＊ソーシャル・インシュランス・ナンバー

ただ、いろんな国際情勢の中で、お金持ちがいっぱいカナダに来て家を買い占めました。特にバンクーバーは、ベッドルームやバスルームがいくつもあるようなメガハウス、超高級豪邸をお金持ちが買って誰も住んでないという町があるんです。そういうところができる一方で、土地の値段がひどく上がってしまって、元々バンクーバーに住んでいた人たちがホームレスになるという事態まで起きています。

それで二〇二三年から、就労ビザ以上のビザを持ってない外国人は家を買えなくなりました。それから五、六年前までは、観光ビザで来た人も銀行口座を作れましたが、今はソーシャル・インシュランス・ナンバーを持ってない人は口座を開けなくなりました。このナンバーは、日本の総背番号制の番号のようなものですが、違うのはマイナンバーカードみたいに個人情報が一元管理されてないことです。総背番号ではあるけれども、紙で発行されていません。他の人に取られてしまっては困るので、保険証などは別にあります。

今、移民を希望する人にとっては選択肢が減る状況となりましたけれども、三五歳以下の申請者で留学を経て、カナダに移民する道が、ＰＲ取得に至るのには最も確率が高いと言われています。

日本からの難民も実はいまして、ＬＧＢＴＱ＋に対する日本での差別を理由に、難民認定されたケースがあります。実際に私の身近にも、日本のＬＧＢＴＱ＋の方がやってきたケースがあります。

＊在日コリアンの難民申請も可能

在日コリアンの場合、日本でのヘイトスピーチを理由に難民申請することはおそらく可能だろうと、私は思います。実際に、エドモントンに韓人会があるので、そこの会長に、「もし日本でヘイトスピーチの嵐が吹き荒れて、関東大震災のような虐殺が起きたら、在日を多数救ってくれるか」と聞いたんです。そしたら「いいよ」と言っていましたので、皆さんぜひご検討ください。

現実には、カナダに移民する在日の存在は、学会でも報告されています。つい先日、日本カナダ学会があって、そこで池炫周（チ・ヒョンジュ）直美さんという方が報告されていました。

「朝鮮半島出身者が戦後日本に定着し、在日コリアンコミュニティが誕生した後、様々な困難が発生し、生活は決して容易ではなかった。そのため、在日コリアンの人々は様々な選択を迫られたが、その中でも国籍に関しては、韓国籍、朝鮮籍（日本では無国籍状態）、そして日本への帰化という選択肢があった。そこでの選択によって、同じ在日コリアンコミュニティでも、その後の日本での生活に大きな違いをもたらした。しかし、その中で、韓国籍または日本に帰化した人でも、日本での生活において、特に次世代の人生を考えたとき、第三国への移住を選択した者がいる。その中で興味深いのは、在日コリアンから韓国籍で日本の永住権を保有していた人は、一九八〇年代に日本からカナダに移住することは実はそれほど難しくなかったため、カナダに移住し、以前は「韓国系カナダ人」と認識されるが、実は日本の永住者でもあり、マルチなアイデンティティを持つ人が多い。また、在日コリアンから日本に帰化した者がカナダに移住した場合、「日系カナダ人」と認識されるが、実は在日コリアンでもあり、その人たちも同様にマルチなアイデンティティを持つ。」

帰化した在日も、日本で問題が解決しないという現実の中で、さらにカナダへの移住を選択した人が結構いるそうです。その中で興味深いのは、在日コリアンから韓国籍で日本の永住権を保有していた人は、一九八〇年代以降カナダに移っても、「韓国系カナダ人」と認識されていますが、日本からカナダに永住した人の中で日本に帰化した在日においては「日系カナダ人」と言われているようです。

でも結構な数、これは私も調査したことがなかったんですけど、肌感覚としては結構いるなという感じがします。

ですので、日本が今のまま移民受け入れに踏み切らない場合には、少子高齢化によって残念ながら暗い状況ですので、まだワーキング・ホリデー制度を利用できる若い世代の方たち、特に在日の方には、カナダとは限りませんけども持続可能な国に移り住むことも選択肢の一つではないかと思います。

ただし、一世がたどったような苦難の道になる可能性は十分あります。だけど行った先の社会が、同化政策一辺倒だったりアイデンティティ喪失を強いられることがなければ、未来に続く希望ある人生というのも可能である。今のままでは居場所を奪われて地獄になるかもしれません。

●特別永住の剥奪は、「ない」と言えるか

今日の本題、特別永住の剥奪は「ない」と言えるのかという問題です。

結論から言うと、私はあり得ると思っています。その恐れを抱いています。日本で生まれ育った日本語ネイティブの人であっても、一円の間違いもなく確定申告できる人はほぼいません。税

理士も間違える。国税庁の職員ですら、正しい確定申告はできないことを皆さんご存知ですか？私はｅ-Ｔａｘを使って確定申告をしたら間違えてしまいまして、国税庁に呼び出されて修正申告しろと言われました。ところが私の修正申告書を書いた国税庁の事務官ですら間違えて、全部最初からやり直しになったんです。

税理士会では、毎年の改正税法があまりにも複雑すぎて、あれを全て理解できている税理士が果たしてどれほどいるのだろうかと言われているそうです。だから、毎年税法を変えるのであれば、せめて国税庁の職員がついていけるぐらいの量にしてくれと言われているぐらいだそうです。だから一円の間違いもなく、一日の遅れもなく、ましてや確定申告の何たるかを多言語で説明してもいないのに、外国籍住民に間違いなくできるはずはない。この改悪入管法というものは、永住資格者全員を追い出そうとしているのではないか疑ってしまいます。

私はこれに対する反論を聞きたいです。「永住資格者が全て日本にいて欲しいんだ、定着してほしいんだ」と思えるだけの説得力ある説明をぜひ聞きたいです。

国税庁の職員たちは、ましてや入管法も熟知していません。外国籍住民の生活の実態がどんなものなのかも知らないんです。それどころか彼らは、一円でも多く税収を増やすというノルマを課されたサラリーマンなんです。グレーゾーンを黒にしたいんです。そして取れるところを見つけ出して一円でも多く取ることが使命の人たちなんです。この人たちはグレーゾーンどころか、白も黒とするおそれがあると私は思っています。その結果として永住資格の剥奪が合法化されるとしたら、それはとっても恐ろしい事態です。

＊このやり方には既視感がある

でも日本のこれまでのやり方には、なんとなく既視感を感じます。そうは思いたくないけど。私はぜひ皆さんには注意をしていただきたいと思います。それと、これ私が勝手に一人で始めましたけど、国税庁には確定申告の仕方って冊子ありますよね。あれ全部読んで確定申告する人がどれだけいますか。日本語のネイティブでもあれ全部読むのかってあるじゃないですか。私あれ多言語で出してくれと国税庁に申し入れようと思っています。もう実際税理士には言いました。正しい税の納税の仕方も、外国籍住民に伝えないのに滞納したら追い出すなんてとんでもない話で、万全の体制取ってください、無料の法律相談を多言語でやってくださいと言いたいです。

そういうことは地域によってはあるかもしれません。でも、ほとんどのところにはないと思います。日本全国でそれだけのサポートをして、納税者として、もちろん貧困をなくすための教育も教育機関も必要ですけども、納税者としても育てるっていう発想を持っていただきたい。そうでなくて、なんで追い出せるんですか。

＊特別永住制度と日本政府

あともう一つ、一九九一年に特別永住の制度ができるときに、日本国政府がかなり強い抵抗を示し、韓国政府が日本に対して特別永住資格の成立を要求したことで、特別永住は成立したという証言が最近聞かれたそうです。これについてどなたかご存知ないですか?

もし、これが本当だとしたら、日本政府は一九九一年当時、永住資格、特別永住資格を成立させて付与することに、かなり強い抵抗を示したということです。

それが、三三年も経って、まだ二八万人強の特別永住者がいるということに対しては、日本政府は当然面白くないでしょう。ですので、私はその当時は指紋押捺拒否の大きな運動のうねりもありましたし、在日が地域の一員として認知されるようになって、日本も少子高齢化で日系人の三世までの人を入れようということも考えていたぐらいですから、今在日を追い出すよりも自然に減っていくのを待っても遅くはないんじゃないかと思ったかもしれません。だけど、今現在の減少率としては、日本社会の人口の減り方の方がむしろ大きくなるかもしれない。こういう状況になってみると、在日はそのまま生き延びるだろうと思います。

*日本は財政破綻寸前

今の日本は財政破綻寸前なんですね。国家予算の三分の一を国債の金利に使わなきゃいけないような状態だと聞いています。本当はどこまで悪いのかわかりません。聞くところによると、いつ破綻してもおかしくない。例えば南海トラフのような大きな地震がきたらハイパーインフレが起きるとか、預金封鎖をするという話もまことしやかに聞こえてくるぐらいの状況です。

それどころか、金利二%を超えた場合には、日銀が破綻するという話もあるぐらいです。そういう状況の中で、在特会が言っていたことを思い出すんですけども、法務省の役人が言っていたように「日本国に忠誠を誓って、日本国の危急存亡の折に命を投げ出す覚悟も決めてないような在日が生活保護のような財政支援を受けるのはとんでもない」と思ってる人たちがいるかもしれない。永住資格を持ってる人たちが税の滞納したら、特別永住にまで及んで排除することを考えるとんでもない人がどっかにいるのかもしれないと思ってしまいます。

それとやっぱり昨今の東アジアの国家間の情勢です。日米の軍事同盟とか、国際情勢の状況も決して良い状況ではありません。特に朝鮮籍イコール北朝鮮支持者というわけじゃないにしても、一方的に、在特会が朝鮮学校に「スパイの子だ」とかの差別的な発言を投げかけて排除しようとしたり、政治的に目障りだからとして、存在を消したいと思っている人がいないとは限らない。

ということで、私がネガティブすぎるのかもしれませんけれども、朝鮮学校の無償化からずっと除外してきている問題とか、《In-Mates》う飯山由貴さんの作品を上映禁止として歴史を否定し続けるとか、入管法改悪とか、いろんな状況を繋げてみると、決して楽観視はできないということです。皆さんが感じている以上に状況は悪い可能性もありますので、ぜひ皆さん注意して見ていっていただけたらと思います。

〔質疑応答〕

（Q）日本が移民を受け入れないのは何が原因なんでしょうか。ベトナム戦争の難民についても、欧米に比べたら比較にならない。民族差別が原因になってるのかなという気もしますが…。

（鄭）私が日本政府を代弁するのは変ですけど、やっぱり日本は「日本人は同質だ」という幻想を明治以降作ってきたと思います。ネイション・ビルディング、国民作りとして。明治期以前の日本はもっと多様な社会だったと思います。でも近代天皇制とかの手段を利用しながら、日本国民は同質な人々であるっていう幻想を作ってきた。その中で多様性を持ち込むのは、移民に対する差別というよりは、日本人というものの概念が壊れていってしまうということではないでしょうか。

日本人の管理政策ができなくなるということも一つかなと私は思っています。本当は入れたらいいということがわかっている官僚もたくさんいるはずです。

（発言者A）カナダはやっぱり世界の移民政策と比べると、古い意味での移民国であると。かなり外国人に対して優遇策をしていると思われています。スウェーデンなんかもね。確かに日本と比べるといろんな意味で違いがあるのはよくわかりました。

我々も、そういうことは昔から知ってはるんですけど、今日の主眼のところの永住権取り消しの問題ですね、これはある意味で「下手くそ」というか、馬鹿なことを日本政府はしているなと思います。だけどね実際は、納税しないから抹消するとか取り消しするとかはしないと思います。それはとんでもない話であって、よっぽどのことがない限りね。

ただそのことは、法律には何も書いてないから、対外的に見ると人権の侵害だと、みなさん考えるのは当たり前だと思います。早速、国連の人権監視委員会からそれについて「おかしいんじゃないか」と言われたことで、法務省のホームページ見たら、一生懸命弁解していました。そういうことはないんだ、心配するなと言っていますけども、それを法律に書いたのは大きな失点だと思います。

（鄭）本気でやる気がないのだったら、どうして法律にしたんでしょうか?

（発言者A）それはですね、実は法務省の中の入管の政策懇談会がありまして、今回の政策を考えるそれ以前に、永住資格について検討するという宿題があったんです。その宿題が残っていて、その宿題を解く過程においてあいう厳しい方向になった。

（鄭）それは特別永住も含めた永住資格の…

（発言者A）永住権です。特別永住者ではありません。永住者の資格について検討しましょうというのは、今回の法律改正以前から宿題になっていた。それを検討する過程でだんだんだんだん厳しくなってきた。

なぜ厳しくなったかというと、私の推測ですが、おそらく自民党の政策審議会、そこは各省庁のいろんな部会があって各省庁に関する法案をあらかじめ審査するけど、自民党の中の外国人に関する部会の中の、厳しくものを見る人たちの意見が非常に反映されたのではないかと思います。これは私の推測です。

それを受けて、法務省の方でああいう形になった。だから前からの宿題を追求する過程でああいうふうなものになった。

もう一つは、自民党の議会の強い意見の人たちの考えが反映した。なぜ自民党の強い意見を持つ人たちがそういうふうになったのかということは、もしかしたら先生がおっしゃったような一つの幻想であるかもしれません。そこのあたりが非常に重大なことです。なぜそういうふうになるのかというのは、今後とも追及する非常に重大な課題です。以上です。

(発言者B) 元法務省入管局長の坂中さんが、亡くなる前に『決定版坂中英徳・在日朝鮮人政策を語る』というリーフレットを出しました。彼はその中で、「入管政策が大転換した」と結論のところで、次のように言っています。

「外国人住民基本台帳法制度の意義」。指紋押捺制度を含んだ外国人登録が指紋押捺拒否運動によって吹っ飛んで、いわゆる住民票に組み込まれるという形になった。そのことを坂中さんはこのように言っています。

「この日をもって、戦後日本の外国人問題の象徴であった在日韓国・朝鮮人の時代は終わった。日本の外国人問題の主力が在日コリアンから移民に交代した」

指紋制度を含む外国人登録が吹っ飛んで住民票に一本化されたことをもって、在日韓国・朝鮮人問題が終わり、移民の時代が始まったんだと、坂中さんは生前最後の論文で書いていますが、先ほどの鄭暎惠さんのお話とちょっと齟齬があるのかなと。

しかも押捺を拒否してこれをぶっ飛ばした方の鄭暎惠さんは、韓国・朝鮮人問題から移民問題に変わったんだという元入管局長の意見と、現状と、そして自分の行った押捺拒否という「悪さ」の関係について一言お願いします。（笑）

（鄭）「悪さ」ではなく、当然の権利と私は思っています（笑）。当然の法理というのがあるんだったら、当然の権利もあっていいんじゃないかと思います。

坂中さんは基本的に住民基本台帳に在日を含めるというか、二〇一二年でしたよね。法律が変わったのは。結局、在日コリアンは、そのうち日本に同化していくだろう。日本国籍者になっていくだろう。だけど、移民はそうではないだろう。新しく来た在日コリアン以外のね。だからそこに分断を入れてきたわけですよ。

だから私が先ほどから、「永住者っていうのは特別永住も含めますか」としつこく言っているのは、やっぱり特別永住者は、いずれは日本人との結婚が増える限りは、やっぱり国籍法によって日本国籍になっていく。本人のエスニック・アイデンティティはどうであれ、国籍上は日本国籍者になっていくであろうと。だから特別永住というものは自然消滅していくだろう。

それよりかは、その日本国籍を持たない移民たち、「外国籍住民」というふうに私も言っていますけども、そういう人たちの問題はまた違う問題であるというのが、坂中さんの言い方ですよね。だって「在日の問題が終わって、移民の問題に移る」っていうことですから。だけど基本的にそこで分けて考えていいのだろうかっていうのは私の根本的な疑問です。

特別永住者として現に、二八万人いるわけですよね。今日のお話はカナダが日本と比べて良いとか悪いとかではなくて、日本の社会としては日本国籍があるかないかで一つを分ける線がある。外国籍住民の中でも、そういう特別永住者と一般永住より不安定な在留資格っていう形で境界線が引かれているわけです。

でも、そういうものを作っていくよりも、むしろどんどん包摂していくというか、社会の一員として、受け入れていく方向でいかなければ、社会そのものが存立不可能になる。これは私が言っているだけではないんです。

日本社会で皆さんそれを直視するのは、やっぱりすごく難しいかもしれません。自分は死んじゃっていないから関係ないみたいに思ってる人もいるかもしれないし。でもすごく深刻な問題です。なので、私はやっぱり日本の社会が持続可能であるためには、移民の人たち、自民党や、坂中さんが言ってる人たちも含めて同じ土俵で考えていかないといけないと思います。

だから、特別永住を持ってる人は税の滞納があっても強制退去の対象にならないから、私達は大丈夫だと安心をするのではなくて、むしろそういうやり方をしていくと、何度も言うように、日本の社会の状況が劣化していく。結局、法的地位とか、その権利というものを別々に分けて考えることによって、日本人の権利や地位は安定したまんまでいけるのか。そうじゃないっていうことなんです。私が言いたかったのはそういうことであって、坂中さんとは私はそんなに意見が元々合う方ではなかったと思うんですけれども論点としては、ちょっとやっぱり違うのは当然だと思う。

（司会）学生の皆さん、ご意見があればお願いします。

（学生）自分のまわりで選挙活動を見ていくと移民政策を訴えている候補者って結構いると思います。ただそういう人たちが実際に当選してるかと言われると、当選していないなと思われて、日本で移民政策を唱えると支持者を安定して獲得できないということはあると思います。つまり一般の市民が移民政策に対してあまり魅力を感じていない。

カナダの話で言うと人口が移民を得て増えている。それで経済とか活発になっている。確かに日本で生産人口、生産年齢人口が減っているのは問題だと思うけど、例えばヨーロッパとかの進んでる国とかって人口が少なくても経済が進んでいる国はあると思う。

でもなんか、日本が元々一億何千万でGDPが世界第二位にもなったりとかっていうことからすると確かに下がっているけど、人口が減っているから増やせばいいよねっていうのが、実際どうなのかなっていう感じの意見です。だから移民を入れなくても、別に生産年齢人口が減ってることは問題ないけど、人口が減ってること自体、日本で人口をカナダみたいに増やすことに意味があるのかなって思われます。

（鄭）なるほど、そこから議論しなきゃいけないんですね。そうですね。私がここで説明しなくても二〇年後三〇年後にはいやでもわかると思う。そう答えるしかないかもしれません。今は減り始めてという状況ですが、釣瓶（つるべ）落としはこれからです。

地方の状況はご存知ですか？　ぜひ地方に回ってみてください。東京ではそんなに感じないかもしれませんが、地方に行くと、もう既にわかると思います。

（学生）そこが深刻だったら、もうちょっと移民政策とか訴えている人が国会とか、行政の方に出ていってもいいのかなと思うんですけど、実際にその人たちが出てこないってことはね、それに魅力をみんなが感じてないんじゃないのかなと…。

（鄭）過疎の地方では、外国人でも誰でもウェルカムというところは出てきていますが、やっぱり移民に対する偏見も強いと思いますね。それが元々の日本の文化だと私は思ってないんです。確かに小松和彦さんの『異人論』とかを読むと、日本の伝統社会はやっぱりよそ者を排除する傾向が強いのかなとは思いますが、それはその時代の要請に応じてということがあったかもしれません。でも今の時代は、小松和彦さんが対象とした民俗社会とは違いますので、同じ状況だとは思っていません。

むしろ私が気になるのは移民に対する排斥とか移民に対する偏見は日本に限ったことではなくて、世界中どこでもあるといえばある。だけど、日本の中の、「日本人は同じ」っていう感覚はちょっと珍しいかもしれない。むしろ「日本国民だから」「我々日本人は」って簡単に言えてしまうこと自体を疑わない現時点での国民性が、やっぱり移民に対して排他的になり、敬遠することになっていると言えるかもしれません。

（発言）それは韓国にもありますね。

（鄭）韓国社会はすごいですよ。日本のことを非難できるのかなって思えるぐらいに、似たような構図はある。

（発言者Ｃ）単なる同質性だけでなく、なおかつ日本は世界的に優秀であるという意識。これが一番問題ですね。そのために異質なものが入ってくると差別して優越性を…

（鄭）単なる同質ではなくて優越性ですね。

（発言者Ｃ）在日二世の立場ですが、先ほど、在日の人口がそれなりに減らないと言われましたが、これは在日二世として、私の人生とか知り合いの方々の感情からしても、そこには抵抗があるんですよ。差別されて普通の人間以下のものとして扱われることへの抵抗がたぶん一方であると、私は思います。

実際に海外へ、カナダへ行ったりアメリカに行ったりした人がいますが、そういう人たちもその心情を持って日本から出ている。こういう抵抗について、日本の方は単に…、そこが一番問題ですね。

だから明治以降の、伝統の中で同質性を追求した民族国家という、そういう意識が強くあると思うんですけど、これをもう少し弱めた方がいいんじゃないかと、私はそういう感じはします。

（鄭）確かに同質性だけではなくて優越性を煽るような、特にマスコミの報道の仕方とか、例えば日本人メジャーリーガーどこに何人いて成績がどうだとか、他の国でそういう報道するのはいったいどれぐらいあるのかなと。オリンピックでも日本人が出ている競技は報道するけれども、一般的にどんな競技でも平等に見ていくわけじゃない。日本人が日本人を見るためにあるような、しかも金メダルがいくつかっていうようなことだけがニュースのトップに出るような、そういう発想ですよね。

昨日ノーベル賞で韓国人が、韓国人としては名誉だみたいな発言してる人がいて、似てるなと思ったんですけども、そういう発想はやっぱり自民族中心主義というか、それがアイデンティティをくすぐるというか、支える一つのメカニズムではあると思う。

特に民族国家というのはそういう理屈でまた作られてきているんですね、多分。

そういう煽られたものではなくて、やっぱりその社会の構造の中で、でもその構造を続けていくとどうなるのか、決して良い部分だけではなくて、移民を受け入れないということによって持続不可能になるんであれば、可能になるという方法をとっていくことが、日本の国には必要ではないかと思います。

（日韓記者・市民セミナー　第六一回　二〇二四年一〇月一一日）

〔著者紹介〕

・金重政玉（かねしげ・まさたま）
1955 年 山口県下関市生まれ、３歳で脊髄性小児まひ(ポリオ)になり現在は車いすで生活。DPI 障害者権利擁護センター所長、内閣府障がい者制度改革推進会議政策企画調査官を経て、障害者施策専門職（兵庫県明石市）、立命館大学生存学研究所客員研究員、NPO 法人ソーシャルアクション・パートナーシップ（京都府京田辺市）に勤務。
参議院選挙全国比例区（2007年）、名古屋市市会議員選挙（2023年）に立候補、落選。現在は名古屋市北区障害者基幹相談支援センター職員。

・李 幸宏（イ・ユキヒロ）ペンネーム
1960年福岡県生まれ。在日コリアン3世。2歳でポリオ（脊髄性小児まひ）となり両手両足に障害が残る。6歳から障害児施設に入所、高校卒業まで養護学校の寮生活を送る。20歳頃から障害者運動に関わり、在日無年金問題に当事者として取り組み、「当事者の会」を結成。1991年に「年金制度の国籍条項を完全撤廃させる全国連絡会」を結成し代表となる。

2011年に東京転居して障害者団体で働く。2018年には国連人種差別撤廃委員会へ在日無年金問題の働きかけでスイスへ。2021年日本国籍取得（障害での無年金は変わらない。まもなく老齢年金は受けるが一部不利益は続く）

・鄭 暎惠（チョン・ヨンヘ）
1960年東京・三河島生まれの在日2.5世。社会学者。慶應義塾大学在学中に在日韓国学生会の結成準備委員会に関わる。2017年に大妻女子大学を早期退職。Edmonton（カナダ）と東京との二拠点生活を始め、Medical Anthropology, Indigenous Studies, Gender Studies を研究中。2025 日1 月17 日（金）には、上智大学グローバル・コンサーン研究所の国際シンポジウム「コロニアリズムが奪う心身の健康 －decolonizing global health－」で報告予定。

＊日韓記者・市民セミナー　ブックレット 18 ＊

日本の障害福祉と外国人政策

2024 年 12 月 15 日　　初版第 1 刷発行

著者：金重政玉、李幸宏、鄭暎惠
編集・発行人：裵哲恩（一般社団法人ＫＪプロジェクト代表）
発行所：株式会社 社会評論社
東京都文京区本郷 2-3-10
電話：03-3814-3861　Fax：03-3818-2808
http://www.shahyo.com
装丁・組版：Luna エディット .LLC
印刷・製本：株式会社 プリントパック

YouTube「KJテレビ」日韓記者・市民セミナー

動画配信　二〇二四年九月三〇日現在（一部、韓国語字幕あり）
●印はブックレット収録済

●第1回　二〇一九年八月三日
関東大震災「朝鮮人虐殺否定」論反証　加藤直樹（作家）

●第2回　二〇一九年九月二五日
よく知らない韓国（人）を知ろう　権　鎔大（経営コンサルタント）

●第3回　二〇一九年一〇月一八日
特攻隊員として死んだ朝鮮人の慰霊事業　黒田福美（女優）

●第4回　二〇一九年一〇月二六日
JOCの不可解な動き　谷口源太郎（スポーツジャーナリスト）

●第5回　二〇一九年一一月二四日
北送事業60年の総括　菊池嘉晃（ジャーナリスト）

●第6回　二〇一九年一二月一二日
韓国ヘイトと対処法　香山リカ（精神科医）

●第7回　二〇一九年一二月一七日
在日二世の数奇な半生　尹　信雄（元民団倉敷支部団長）

●第8回　二〇二〇年二月一〇日
安倍政権の内政と外交　小池　晃（日本共産党書記局長）

●第9回　二〇二〇年二月二一日
南北韓と韓日関係の展望　平井久志（ジャーナリスト）

●第10回　二〇二〇年七月一日
虚構の「嫌韓」からの解放

●第11回　二〇二〇年七月一五日
川崎でのヘイトスピーチ攻防

●第12回　二〇二〇年八月五日
在米コリアンと日系米人社会

●第13回　二〇二〇年八月二六日
多様性の中の在日コリアン

●第14回　二〇二〇年九月二日
朝日新聞の慰安婦報道と裁判

●第15回　二〇二〇年九月一六日
平行線をたどる徴用工問題

●第16回　二〇二〇年一〇月一六日
『評伝 孫基禎』の上梓とその後

●第17回　二〇二〇年一〇月三〇日
復刻『関東大震災』の意義

●第18回　二〇二〇年一一月一八日
キムチが食べられる老人ホーム・故郷の家

●第19回　二〇二〇年一一月三〇日
日本学術会議会員任命拒否問題の背景

●第20回　二〇二〇年一二月八日
差別と偏見の現場取材

●第21回　二〇二一年四月二七日
『韓国ドラマ食堂』の話

澤田克己（毎日新聞論説委員）

石橋　学（神奈川新聞記者）

金真須美（作家・大学講師）

金村詩恩（作家・ブロガー）

北野隆一（朝日新聞編集委員）

殷　勇基（弁護士）

寺島善一（明治大学名誉教授）

高　二三（新幹社社長）

尹　基（社会福祉法人「こころの家族」理事長）

纐纈　厚（明治大学特任教授）

安田浩一（ノンフィクションライター）

八田靖史（コリアン・フード・コラムニスト）

●第22回　二〇二一年七月一四日
差別実態調査から見るヘイト　　　権　清志（朝鮮奨学会代表理事）
●第23回　二〇二一年一一月六日
映画『在日』上映と呉徳洙監督を語る　　清水千恵子（映画『在日』スタッフ）
●第24回　二〇二一年一一月一九日
記憶を拓く「信州・半島・世界」　　田中陽介（信濃毎日新聞編集局デスク）
●第25回　二〇二一年一二月一三日
外国人は「害国人」ですか―日本の「入管体制」を検証する　田中　宏（一橋大学名誉教授）
●第26回　二〇二二年一月一四日
歴史事実に介入する政府と「作る会」　鈴木敏夫（子どもと教科書全国ネット21事務局長）
●第27回　二〇二二年三月一一日
在日オペラ歌手が願う日韓関係　　田　月仙（オペラ歌手）
●第28回　二〇二二年三月二六日
日韓関係の危機をどう乗り越えるか　日韓協約の不存在から考える　戸塚悦朗（弁護士）
●第29回　二〇二二年四月一六日
参議院選に出馬～誰もが大切にされる社会実現へ　金　泰泳（東洋大教授）
●第30回　二〇二二年五月一〇日
時務の研究者「姜徳相」関東大震災時の朝鮮人虐殺研究　山本すみ子（姜徳相聞き書き刊行委員会）
●第31回　二〇二二年六月二七日
絶望から希望を見出す　川崎桜本をめぐる　ふたつの物語　金聖雄（映画監督）
●第32回　二〇二二年七月九日
民族的連帯から見るインターナショナリズム 中野重治の朝鮮認識を手がかりに　廣瀬陽一（大阪公立大学客員研究員）
●第33回　二〇二二年七月一七日
在日コリアン研究40年を振り返る　　朴　一（大阪市立大学名誉教授）

●第34回　二〇二二年八月三日
ヘイトスピーチ・ヘイトクライム根絶に向けて　　師岡康子（弁護士）
●第35回　二〇二二年八月二七日
指紋押捺拒否からヘイトスピーチ根絶へ　ピアノ&トーク　崔　善愛（ピアニスト、週刊金曜日編集委員）
●第36回　二〇二二年九月一三日
「先生不足」が生んだ学校崩壊の現実　安倍「教育再生」路線がもたらしたもの　竹村雅夫（藤沢市議会議員）
●第37回　二〇二二年九月二二日
民主主義を壊す政治と宗教の癒着　旧統一教会の問題性　有田芳生（前参議院議員）
●第38回　二〇二二年一〇月七日
総連と民団の相克77年　　竹中明洋（フリーライター）
●第39回　二〇二二年一〇月二三日
川越唐人揃いパレードの18年間の取り組み　朝鮮通信使の精神を現代に継承　江藤善章（実行委代表）
●第40回　二〇二二年一一月四日
浅川伯教・巧兄弟への敬愛と感謝　河　正雄（私塾清里銀河塾塾長）
●第41回　二〇二二年一二月一四日
キムはなぜ裁かれたのか　BC級戦争裁判　内海愛子（同進会を応援する会代表）
●第42回　二〇二三年一月一九日
朝鮮半島取材30年、現場で見た南と北　城内康伸（元東京新聞編集委員・東アジア担当）
●第43回　二〇二三年二月一〇日
障害福祉の課題　金重政玉（元内閣府障がい制度改革推進会議政策企画調査官）
○第44回　二〇二三年三月一一日
ソウルから東京を歩く　「第九次朝鮮通信使の意義」　遠藤靖夫（21世紀の朝鮮通信使ウオークの会会長）
●第45回　二〇二三年四月一九日
旧世代とは一味違う在日三世の生き方　姜　龍一（作家）

○第46回　二〇二三年五月一五日
東洋医学の日韓交流―韓国伝統の「気」の体験　　裵　晙映（鍼灸師）
●第47回　二〇二三年五月三一日
コリアンルーツの目から見た日本社会　　深沢　潮（小説家）
●第48回　二〇二三年六月二四日
反ヘイトのロードマップを考えるために　　金　展克（民団支部事務部長）
●第49回　二〇二三年七月二九日
尹東柱の愛と死の物語「星をかすめる風」を顕彰する　広戸　聡（俳優）
●第50回　二〇二三年八月七日
関東大震災朝鮮人虐殺から百年、歴史隠蔽を撃つ　呉　充功（映画監督）
●第51回　二〇二三年九月一五日
我が演劇人生を語る　　金　守珍（演出家）
○第52回　二〇二三年一〇月七日
アボジ孫基禎の生き様　金メダルから平和マラソンへ　孫　正寅（元民団中央局長）
●第53回　二〇二三年一〇月二八日
次世代に伝える日本と朝鮮半島の話　　羽原清雅（元朝日新聞政治部長）
○第54回　二〇二三年一一月二五日
ヘイトをのりこえる多文化共生教育　　風巻　浩（都立大学特任教授）
○第55回　二〇二三年一一月二五日
ヘイトをのりこえ、ともに生きる　　金　迅野（在日大韓横須賀教会牧師）
●第56回　二〇二四年五月二三日
「多文化共生をめざす川崎歴史ミュージアム」設立へ　宋　富子（高麗博物館名誉館長）
○第57回　二〇二四年六月一二日
保護司活動二〇二四年を振り返る　　李　秀夫（善隣厚生会理事長）

○第58回　二〇二四年七月一二日
韓国人Jリーガーに見る「韓日スポーツ交流」　慎　武宏（スポーツジャーナリスト）
○第59回　二〇二四年九月八日
演劇『革命少年』で人生を描く　李　敬司（車体修正機製造メーカー会長）
●第60回　二〇二四年九月二〇日
在日障害者の無年金問題を解決せよ　李　幸宏（年金制度の国籍条項を完全撤廃させる全国連絡会会長）
●第61回　二〇二四年一〇月一一日
日本の外国人政策を検証する　鄭　暎惠（社会学者）
○第62回　二〇二四年一〇月二八日
韓国山寺テンプルステイの魅力　宋　寛（元民団新聞編集委員）
○第63回　二〇二四年一一月八日
同調圧力からの解放と多文化共生　朴　慶南（作家）
○第64回　二〇二四年一一月二三日
指紋拒否から40年。今、在日社会に求められているものは　＝集会＝
○第65回　二〇二四年一二月三日
日韓関係改善に向けた様々なアプローチ　河村建夫（日韓親善協会中央会会長）

創刊号
特集 日韓現代史の照点を読む
加藤直樹／黒田福美／菊池嘉晃
A5判 一一二頁 本体九〇〇円＋税
二〇二〇年八月一五日発行

コロナの時代、SNSによるデマ拡散に虚偽報道と虐殺の歴史がよぎる中、冷え切った日韓・北朝鮮関係の深淵をさぐり、日韓現代史の照点に迫る。関東大震災朝鮮人虐殺、朝鮮人特攻隊員、在日朝鮮人帰国事業の歴史評価がテーマの講演録。

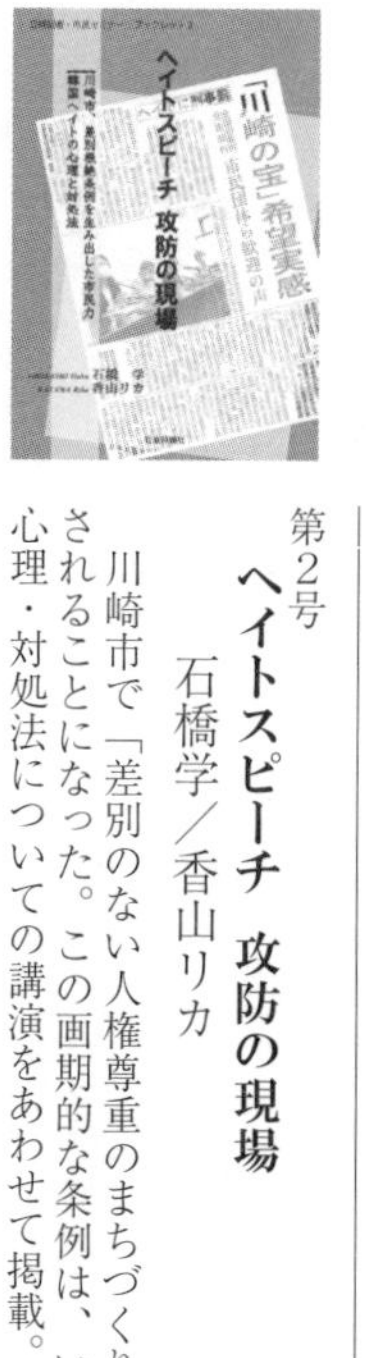

第2号
ヘイトスピーチ 攻防の現場
石橋学／香山リカ
A5判 一〇四頁 本体九〇〇円＋税
二〇二〇年一一月一〇日発行

川崎市で「差別のない人権尊重のまちづくり条例」が制定され、ヘイトスピーチに刑事罰が適用されることになった。この画期的な条例は、いかにして実現したか？ ヘイトスピーチを行う者の心理・対処法についての講演をあわせて掲載。

第3号
政治の劣化と日韓関係の混沌
纐纈厚／平井久志／小池晃
A5判 一一二頁 本体九〇〇円＋税
二〇二一年二月一二日発行

政権はエピゴーネンに引き継がれ、学会へのあからさまな政治介入がなされた。改憲の動きと併せて、これを「〝新しい戦前〟の始まり」と断じることは誇張であろうか。日本学術会議会員の任命拒否問題を喫緊のテーマとした講演録ほかを掲載。

第4号
引き継がれる安倍政治の負の遺産
北野隆一／殷勇基／安田浩一
A5判 一二〇頁 本体九〇〇円＋税
二〇二一年五月一〇日発行

朝日新聞慰安婦報道と裁判、混迷を深める徴用工裁判、ネットではデマと差別が拡散し、ヘイトスピーチは街頭から人々の生活へと深く潜行している。三つの講演から浮かび上がるのは、日本社会に右傾化と分断をもたらした安倍政治と、引き継ぐ菅内閣の危うい姿。

第5号
東京2020　五輪・パラリンピックの顛末
――併録　日韓スポーツ・文化交流の意義
谷口源太郎／寺島善一／澤田克己　A5判　一〇四頁　本体九〇〇円＋税　二〇二一年九月一〇日発行

コロナ感染爆発のさなかに強行された東京五輪・パラリンピック。贈賄疑惑と「アンダーコントロール」の招致活動から閉幕まで、不祥事と差別言動があらわとなった。商業主義と勝利至上主義は「オリンピックの終焉」を物語る。

第6号
「在日」三つの体験
――三世のエッジ、在米コリアン、稀有な個人史
金村詩恩／金真須美／尹信雄　A5判　一〇四頁　本体九〇〇円＋税　二〇二一年一二月五日発行

三人の在日コリアンが実体験に基づき語るオムニバス。日本社会で在日三世が観る風景。在米コリアンと在日三世の出会い。日本人の出自でありながら「在日」として生き、民団支部の再建と地域コミュニティに力を尽くした半生を聴く。

第7号
キムチと梅干し―日韓相互理解のための講演録
権鎔大／尹基／八田靖史　A5判　一〇四頁　本体九〇〇円＋税　二〇二二年三月一〇日発行

互いにわかっているようで、実はよくわからない――そこを知る一冊。韓国文化と生活習慣の理解が在日高齢者の介護に不可欠だという「故郷の家」。韓国ドラマの料理から文化と歴史を探る。

第8号
歴史の証言―前に進むための記録と言葉
田中陽介／高二三／金昌寛、辛仁夏、裵哲恩、清水千恵子　A5判　九六頁　本体九〇〇円＋税　二〇二二年六月二八日発行

講演で紹介された信濃毎日新聞の特集は、誠実に歴史に向き合うことの大切さを教えてくれる。姜徳相著『関東大震災』復刻と、呉徳洙監督の映画『在日』は、前に向かって進むためのかけがえのない歴史記録。

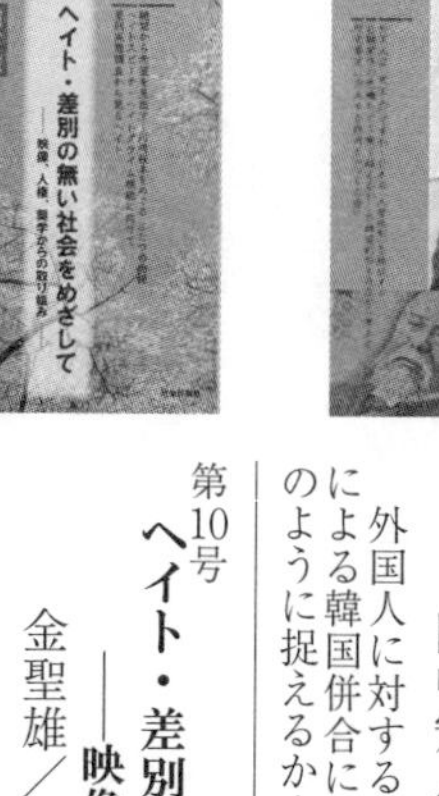

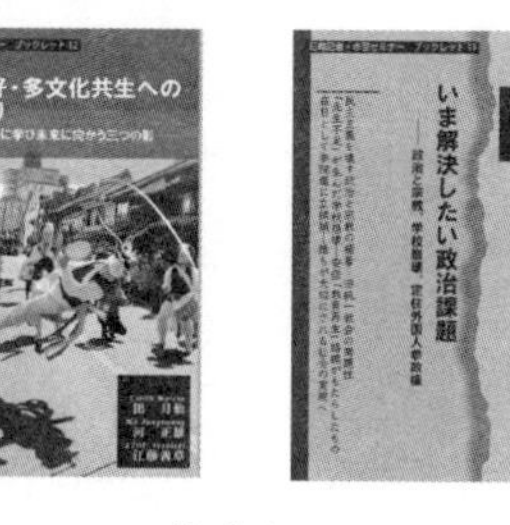

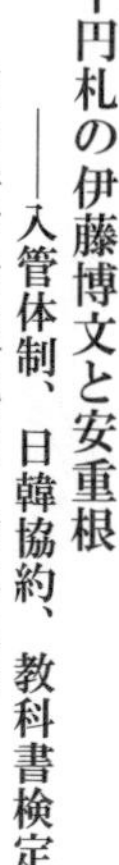

第9号
千円札の伊藤博文と安重根
——入管体制、日韓協約、教科書検定から制度と社会を考える
二〇二一年九月二七日発行
田中宏／戸塚悦朗／鈴木敏夫　Ａ５判　一〇四頁　本体九〇〇円＋税

外国人に対する入国管理と日本社会——、そこに現れる差別と排外主義の歴史をたどると、日本による韓国併合に行き着くという。安重根（アン・ジュングン）による伊藤博文銃撃事件と、今のように捉えるか…。近現代の歴史を教える学校教育と教科書検定の現在を併せて検証する。

第10号
ヘイト・差別の無い社会をめざして
——映像、人権、奨学からの取り組み
二〇二三年一月二〇日発行
金聖雄／師岡康子／權清志　Ａ５判　一〇四頁　本体九〇〇円＋税

ヘイトスピーチは単なる暴言や憎しみの表現ではなく、本質的に差別である。社会からこれを無くすための、川崎・桜本の映画制作、法と条例の限界を超えて進もうとする法廷闘争、在日の若者たちに対する差別実態調査など三つの取り組みを紹介する。

第11号
いま解決したい政治課題
——政治と宗教、学校崩壊、定住外国人参政権
二〇二三年四月一五日発行
有田芳生／竹村雅夫／金泰泳　Ａ５判　一一二頁　本体九〇〇円＋税

政治に関わる三つの講演。一つ目は政治との癒着が明るみに出た旧統一教会の実体と問題性。二つ目は全国で起きている学校崩壊の現実。三つ目は日本に帰化して参政権を取得し参院選に立候補した在日二世の生き方。

第12号
日韓友好・多文化共生への手がかり
——過去に学び未来に向かう三つの形
二〇二三年六月一〇日発行
田月仙／河正雄／江藤善章　Ａ５判　一〇四頁　本体九〇〇円＋税

絶賛を博した在日二世の創作オペラ『ザ・ラストクイーン』、植民地支配の時代に朝鮮の風俗と文化を愛した浅川伯教・巧兄弟、豊かな文化交流を実現した朝鮮通信使に光を当て、日韓友好・多文化共生への手がかりを考えます。

第13号
消してはならない歴史と「連帯の未来像」

廣瀬陽一／内海愛子／山本すみ子

A5判　一一二頁　本体九〇〇円＋税

二〇二三年八月一五日発行

日本と韓国・朝鮮の間には、未だ超えることができず、そして消してはならない歴史がある。国境を超えたインターナショナリズム、その連帯の未来像はどのようなものなのか？　関東大震災・朝鮮人虐殺から百年、友好と信頼への道を考えさせる講演録。

第14号
関東大震災朝鮮人虐殺から百年
——問われる日本社会の人権意識

呉充功／深沢潮／崔善愛

A5判　一一二頁　本体九〇〇円＋税

二〇二三年一一月一五日発行

関東大震災から百年の二〇二三年、行政・メディアは未曾有の災害から教訓を引き出す取り組みを行った。だが、朝鮮人虐殺の真相はいまも闇に消されたままであり、この明かされない負の歴史が、ヘイトクライムの現在に繋がっている。三つの講演が日本社会の人権意識を問いかける。

第15号
日本人でなくコリアンでもなく
——「在日」の自意識と反ヘイト

朴一／姜龍一／金展克

A5判　一〇四頁　本体九〇〇円＋税

二〇二四年二月二〇日発行

日本社会の内なる国際化はこの多様性を大切にするかどうかで決まり、今はその分岐点にあるという。三世が語るように、世代を重ねるごとに在日の自意識も変わっていく。さらに法制度の観点から、根強く続く差別とヘイトを克服するための道筋を考える。

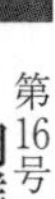

第16号
朝鮮半島の政治と在日

城内康伸／竹内明洋／羽原清雅

A5判　九八頁　本体九〇〇円＋税

二〇二四年四月三〇日発行

日本の植民地支配、解放後の戦争・民族分断と、苦難の歴史を歩んだ朝鮮半島は今も統一を果たせずにいる。日本人記者がソウルと北京で見た南北対立の現実と、ドキュメンタリー作家が描く総連・民団の相克。そこに生きる「在日」の意識は世代を重ねるごとに変わってゆく。

第17号
日韓史の真実に迫る演劇・文化

二〇二四年九月三〇日発行

金守珍／広戸聡／宋富子

A５判　一〇八頁　本体九〇〇円＋税

『星をかすめる風』の原作者イ・ジョンミンは、歴史の中に埋もれた事柄に目を向け、虚構の中にもうひとつの歴史の「真実」を描きだすという。演劇の真髄に迫る言葉である。さらに、隠された歴史の事実を探し出し語り継ぐ、「歴史ミュージアム」の設立に尽力する市民の運動を紹介します。

ブックレット創刊のことば

日韓関係がぎくしゃくしていると喧伝されています。連日のように韓国バッシングする夕刊紙、書店で幅を利かせる「嫌韓」本、ネットにはびこる罵詈雑言。韓流に沸いた頃には考えられなかった現象が日本で続いています。その最たるものが在日を主なターゲットにしたヘイトスピーチです。

一方の韓国。民主化と経済成長を実現する過程で、過剰に意識してきた、言わば目の上のたんこぶの日本を相対化するようになりました。若い世代にすれば、「反日」は過去の遺物だと言っても過言ではありません。支持率回復を企図して政治家が「反日」カードを切るパフォーマンスも早晩神通力を失うでしょう。

ことさらに強調されている日韓の暗の部分ですが、目を転じれば明の部分が見えてきます。両国を相互訪問する人たちは二〇一九年に一〇〇〇万人を超え、第三次韓流は日本の中高生が支えていると知りました。そこには需要と供給があり、「良いものは良い」と素直に受け入れる柔軟さが感じられます。

コリア（K）とジャパン（J）の架け橋役を自負するKJプロジェクトは、ユネスコ憲章の前文にある「相互の風習と生活を知らないことは、人類の歴史を通じて疑惑と不信をおこした共通の原因であり、あまりにもしばしば戦争となった」「戦争は人の心の中で生まれるものであるから、人の心の中に平和のとりでを築かなくてはならない」との精神に立脚し、日韓相互理解のための定期セミナーを開いています。

このブックレットは、趣旨に賛同して下さったセミナー講師の貴重な提言をまとめたものです。食わず嫌いでお互いを遠ざけてきた不毛な関係から脱し、あるがままの日本人、韓国人、在日の個性が生かされる多文化共生社会と、国同士がもめても決して揺るがない市民レベルの日韓友好関係確立を目指します。

二〇二〇年八月

一般社団法人 KJ プロジェクトは、会費によって運営されています。日韓セミナーの定期開催、内容の動画配信、ブックレット出版の費用は、これにより賄われます。首都圏以外からも講師の招請を可能にするなど、よりよい活動を多く長く進めるために、ご協力をお願いします。

会員登録のお問い合わせは、

▶ KJ プロジェクトメールアドレス cheoleunbae@gmail.com へ